中国高铁出版工程——科普系列

高铁知识趣谈

编著：胡启洲

西南交通大学出版社
·成 都·

图书在版编目（CIP）数据

高铁知识趣谈 / 胡启洲编著. —成都：西南交通大学出版社，2021.11
ISBN 978-7-5643-7925-4

Ⅰ.①高… Ⅱ.①胡… Ⅲ.①高速铁路–介绍–中国 Ⅳ.①U238

中国版本图书馆 CIP 数据核字（2020）第 262690 号

高铁知识趣谈
编著：胡启洲

出　版　人	王建琼
策 划 编 辑	黄庆斌　周　杨
责 任 编 辑	杨　勇
封 面 设 计	曹天擎
出 版 发 行	西南交通大学出版社 （四川省成都市二环路北一段 111 号 西南交通大学创新大厦 21 楼）
发行部电话	028-87600564　028-87600533
邮 政 编 码	610031
网　　　址	http://www.xnjdcbs.com
印　　　刷	四川煤田地质制图印刷厂
成 品 尺 寸	170 mm × 230 mm
印　　　张	10.75
字　　　数	160 千
版　　　次	2021 年 11 月第 1 版
印　　　次	2021 年 11 月第 1 次
书　　　号	ISBN 978-7-5643-7925-4
定　　　价	35.00 元

图书如有印装质量问题　本社负责退换
版权所有　盗版必究　举报电话：028-87600562

前　言

"科技强国，科普惠民"。高速铁路（High-Speed Railway，HSR），简称高铁，作为一种安全可靠、快捷舒适、运载量大、低碳环保的运输方式，已经成为世界交通业发展的重要趋势。目前世界上有中国、西班牙、日本、德国、法国、瑞典、英国、意大利、俄罗斯、土耳其、韩国、比利时、荷兰、瑞士等20多个国家和地区已经有了高速铁路。"交通强国,筑梦前行"，虽然中国高速铁路发展时间较晚，但在高速铁路领域发展迅速，取得了举世瞩目的成就，并引领着世界高铁的发展潮流。《高铁知识趣谈》作为一本介绍高铁基本概念、相关术语、设计理念与发展历程等的科普读物，主要从理论与技术两个不同的方面，向读者阐述高铁的内涵，特别是深入浅出地解读了高铁的专业术语、运营原理、设计方法、系统组成等内容。本书内容架构，如图1。

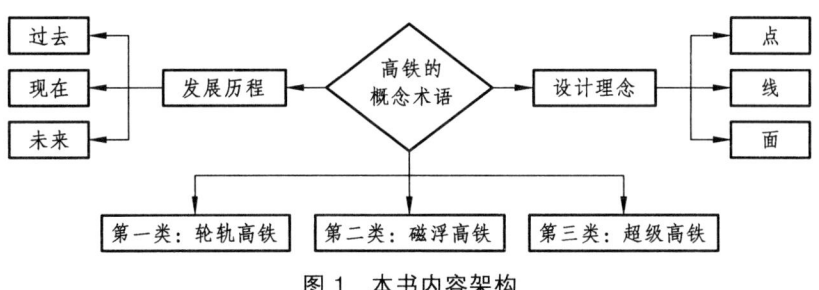

图1　本书内容架构

本书具体解读三类高铁——轮轨高铁（Wheel high-speed railway）、磁浮高铁（Maglev high-speed railway）、超级高铁（Super-speed railway）等的相关术语、诞生条件及发展历程，特别是各类高铁的参数界定和速度分类。全书主要从"点、线、面"的角度，阐述高铁的设计理念：首先，从"点"的角度，解析动态点（高速列车）和静态点（高速车站）的设计理念；其次，从"线"的角度，解析经典高铁线路的设计理念；最后，从"面（线网）"

的角度，解析我国的"四纵四横"高铁网络，以及"八纵八横"的高铁网络。

"悬壶济世，普照苍生"。编写科普读物，将专业知识普及大众是我们每个人的最高追求。

本书由胡启洲老师团队创作，团队成员主要有邱乐侠、陈杰、丛子荃、岳民、马超、高洁、吴翊凯等人。编写本书，编著者参考了众多学术著作和专业资料，对其作者表示诚挚的谢意；书中部分图片和内容来自网络，由于来源复杂，有些无法找到源头，在此对其原作者和相关人员表示感谢和敬意；本书写作中还得到编辑部同人的无私帮助，对其表示衷心感谢。

本书语言通俗、图文并茂、简单易懂，适合作为高铁爱好者的读物，也可以作为科研工作者、工程技术人员、管理工作者、大专院校师生的读物。但由于时间较紧和水平有限，书中难免有疏漏和不当之处，敬请大家赐教批评。

编著者

2021 年 5 月

目 录

第1章 高铁的基本知识 ………………………… 1
　1.1 高铁的产生条件 ……………………………… 3
　1.2 高铁的发展条件 ……………………………… 5
　1.3 高铁的四个阶段 ……………………………… 5
　1.4 高铁的三次飞跃 ……………………………… 7
　1.5 高铁的不同类型 ……………………………… 10

第2章 高铁的常用术语 ………………………… 14
　2.1 高铁的四种模式 ……………………………… 15
　2.2 高铁的三种类型 ……………………………… 19
　2.3 高铁的技术特性 ……………………………… 26
　2.4 高铁的速度界定 ……………………………… 33

第3章 高铁的设计理念 ………………………… 40
　3.1 高铁列车的设计理念 ………………………… 42
　3.2 高铁站点的设计理念 ………………………… 96
　3.3 高铁线路的设计理念 ………………………… 107
　3.4 高铁线网的设计理念 ………………………… 113

第4章 高铁的发展历程 ………………………… 118
　4.1 高铁的"昨天之历程" ……………………… 119
　4.2 高铁的"今天之魅力" ……………………… 127
　4.3 高铁的"明天之愿景" ……………………… 146

参考文献 …………………………………………… 165

第 1 章　高铁的基本知识

"没有最快，只有更快"，速度和运能是人类对交通运输的永恒追求。因此，无论哪种交通工具（火车、汽车、飞机、轮船等交通工具），人类不但要求它跑得快，而且要求它运能大。虽然飞机是目前运行最快的交通工具，但飞机的运能有限；普通火车虽然是目前运能最大的交通工具，但普通火车的运行速度较慢。所以，人类对交通工具的追求步伐，一直没有停止。"快速度、大运量"，高速铁路（High-Speed Railway，简称高铁）就是人类对交通工具追求的智慧结晶。三种交通方式的对比见图 1.1[?]。

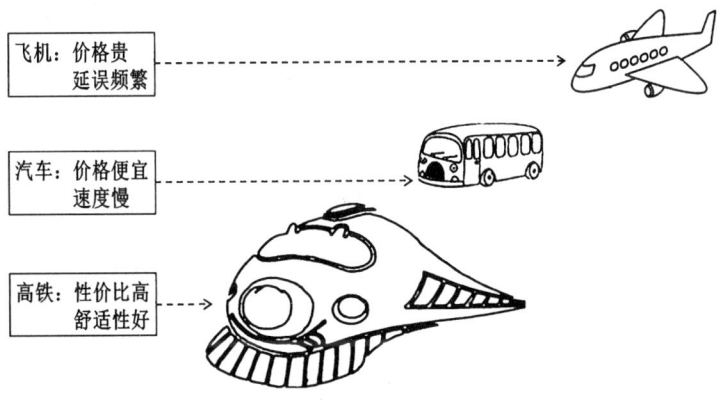

图 1.1　三种交通方式对比较

自从 1964 年 10 月 1 日高铁运营以来，高铁经历了"四次发展"和"三次飞跃"。目前，世界上有 20 多个国家和地区已经规划、建设和运营着高速铁路，可以说世界已经进入高铁时代，如图 1.2。

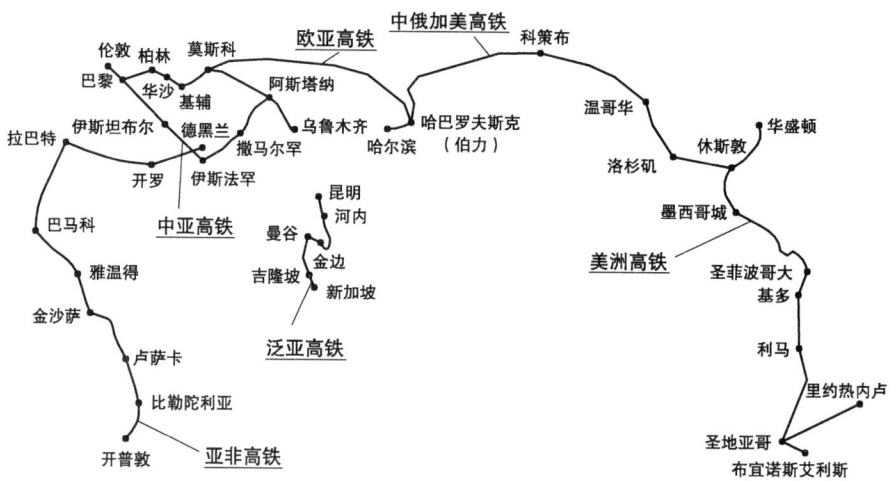

图 1.2 世界高速铁路规划示意图

高速铁路中"高速"是高铁的品质,"铁路"是高铁的属性,"高铁"是高速铁路的简称。高铁是由专用线路、高速列车和专用控制系统等组成的大系统,因此高铁是一个系统概念,不是个体概念。由于高铁除了轮轨式的高铁外,还有磁悬浮高铁(也叫磁浮高铁)和超级高铁,所以高铁还有狭义高铁(常规高铁,主要指轮轨高铁)和广义高铁(包括轮轨高铁、磁浮高铁和超级高铁)之分。

"交通强国,铁路先行"。目前,高速铁路已经成为世界各国交通发展中的一个热点问题,这是因为高速铁路具有其他交通工具难以比拟的技术优势:

(1)高铁的速度快。一方面,从实验速度来说:2007年4月,法国轮轨高铁TGV列车曾创出574.8km/h的世界运行纪录;2015年12月,日本磁悬浮高铁创出603 km/h的世界纪录;2016年3月,美国超级高铁创出1 000 km/h的世界纪录(超过了飞机常规飞行速度)。另一方面,从运营速度来说:中国高铁运营速度保持在350 km/h左右。

(2)高铁的运量大。高铁除了自身载重量大,而且发车间隔小,如日本高速列车间隔时间可达到4 min,单向每小时可开12列列车,这是公路和航空所无法相比的。

（3）高铁的安全性高。高铁不但建设精致，而且管理水平也高。高铁的车辆、站点、线路设施的质量和精度都很高，而且高速列车运行控制系统也很智能化。因此，世界各国的高速铁路极少发生人身伤亡事故。

（4）高铁的准点率高。高速列车可以全天候运行，不受雨、雪、雾、风的影响，即使地震环境下，也能采取有效预警机制，保障安全。

（5）高铁的环境友好。高铁不但能耗低、节约用地，而且具有环境污染轻（噪声低、振动小，使用清洁能源）、舒适度高等特点。

1.1 高铁的产生条件

"速度"是高铁的灵魂，"运能"是高铁的载体。高铁作为一种交通工具，正好满足人类需求：快速和重载。

（1）"速度"是高铁产生的必要条件。速度是人类对交通运输工具的基本要求。正是高铁的快速性和高效性，高铁才得到大力发展。高铁速度和其他交通工具速度的对比性，见图1.3和表1.1。

表1.1 不同类型的高铁的速度

名称		试验速度/（km/h）	运营速度/（km/h）	国家	备注
第一类型	轮轨高铁				技术已经成熟
	低速轮轨高铁	220	200	日本	
	中速轮轨高铁	335	250	德国	
	高速轮轨高铁	574.8	320	法国	
第二类型	磁浮高铁				技术已经掌握，但不成熟
	低温磁浮高铁	343	350	日本	
	常温磁浮高铁	438	380	德国	
	高温磁浮高铁	603	500	日本	
第三类型	超级高铁				技术研发阶段
	低速超级高铁	1 000	—	美国	
	中速超级高铁	1 200	—	美国	
	超速超级高铁	6 500	—	美国	

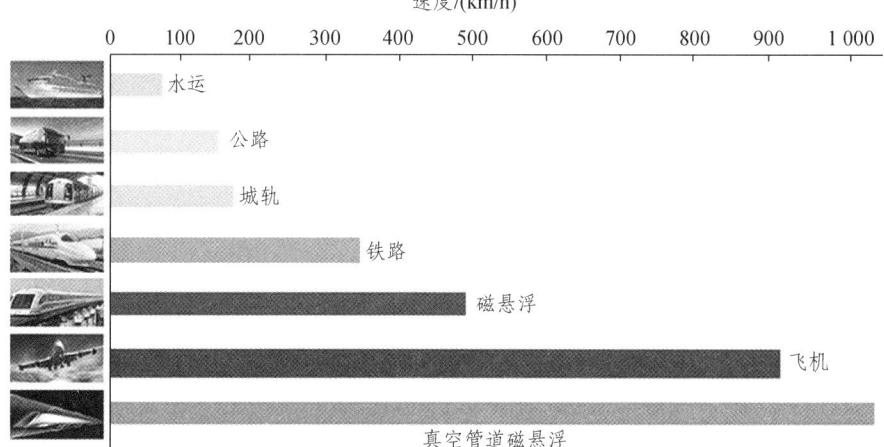

图 1.3 不同交通工具的运营速度

（2）"载重"是高铁产生的充分条件。载重也是人类对交通运输工具的基本要求。无论哪一种交通工具，人们都希望载重量越大越好，以满足人们对货运和客运的基本需求。而在相同条件下，高铁的载重量是目前所有交通工具中最大的，见表1.2。

表 1.2 不同交通工具的载重量

名称	货运			客运		
	载重量/t	国家	备注	载重量/人	国家	备注
汽车	7.265	美国	通用汽车公司的凯迪拉克改装而成的，车身长达21.93 m	200	德国	双层公交车
轮船	260 581	新加坡	诺克·耐维斯号（Knock Nevis）	5 375	英国	"海洋独立号"是"世界最大的超级邮轮"
飞机	450	乌克兰	安225运输机	840	法国	空中客车A380-800
火车	10万	俄罗斯	由44辆车组成、全长6.5 km	3 560	印度	超载条件下
高铁	2	德国	设计货运高铁	1 634	日本	新干线

1.2 高铁的发展条件

1964年10月，世界上第一条真正意义上的高速铁路东海道新干线（东京—大阪）在日本正式通车，标志着世界高速铁路新纪元的到来。经过几十年发展，高铁经历了"从无到有、从有到多、全球共享"的过程，但无论高铁怎样发展，其发展必须满足3个条件："天时""地利""人和"。

第一条件："天时"。主要是经济要求：国家或地区的经济必须发达。因为高铁研发、建设、运营、管理和维护，都需要很高费用。所以，没有一定经济基础的国家或地区，就无法建设和运营高铁。目前，拥有高铁的国家和区域，基本上都是经济发达的国家和地区，如日本、法国、德国、西班牙、意大利和中国等国家。

第二条件："地利"。主要是区域要求：国家或地区的地域必须辽阔。由于高铁运行速度快，要想高铁发展快，必然要有辽阔的地域。日本、法国、德国等国家，虽然首先掌握了高铁技术，并且经济也发达，但高铁运营里程很短，没有形成真正的高铁网络，主要还是国土面积限制的原因。而中国在短短的几年里形成了"四纵四横"的高铁网络，国土面积广阔是主要原因之一。

第三条件："人和"。主要是人口要求：必须是人口密集的城市群。高铁的载运量大，但运营成本也高，需要在人口密集的城市间运营，如人口密集的都市圈（日本东京都市圈）、经济圈（中国长三角经济圈、京津冀经济圈等）。人口密集的城市群才能保证一定的客流量，高铁才能有效运营。如美国、加拿大等国家虽然经济发达，但没有人口密集的城市群，所以就很难发展高铁。

1.3 高铁的四个阶段

高铁"始于日本、兴于欧洲、熟于中国、惠于世界"。从高铁发展历程来看，高铁发展经历了 4 个阶段：幼年阶段、童年阶段、青年阶段、中年阶段。在幼年、童年、青年到中年等 4 个阶段中，高铁有着不同特征和属性。

第一阶段：幼年阶段。代表国家：日本。时间：1964—1980 年。1964 年 10 月，世界上第一条真正意义上的高速铁路东海道新干线在日本正式通车，标志着世界高速铁路新纪元的到来。从那时起，高速铁路便成为 20 世纪末人类极具革命性的交通工具。

第二阶段：童年阶段。代表国家：法国、德国。时间：1981—2007 年。1981 年 9 月，全长 425 m 的巴黎至里昂的法国第一条高铁投入运营，开启了法国高铁新纪元。1991 年 10 月，德国第一条城际高铁运营，开启德国高速铁路建设的步伐。特别是 20 世纪 90 年代中期，法国、意大利、德国、西班牙、比利时、英国等欧洲大部分国家开始大规模地修建本国或者跨国高速铁路，欧洲高铁网络逐步形成。由于法国和德国的大力推动，欧洲各国相互支撑，高铁有了快速发展。

第三阶段：青年阶段。代表国家：中国。时间：2008—2015 年。2008 年 8 月，中国北京到天津的城际高铁开通运营，标志着中国加入了"高铁俱乐部"。经过不到 10 年发展，中国高铁营业里程达到 2.5 万千米以上，高铁运营里程世界排名第一。2015 年，中国形成了完善的"四纵四横"高铁网络，连接所有省会城市和 50 万人口以上城市，覆盖全国 90% 以上人口，实现了"人便其行、货畅其流"的目标，并且引领了国际潮流。中国高铁大力发展，有效推动了全球高铁发展，催进了高铁全球化，引领着世界高铁时代。

第四阶段：中年阶段。代表国家：日本、法国、德国、中国。时间：2015 年以后。从 2015 年至今，世界各洲在规划、建设和运营高铁。在包括亚洲（韩国、中国、土耳其、科威特）、美洲（美国、巴西）、非洲（南非）、大洋洲（澳大利亚）的世界范围内掀起了建设高速铁路的热潮。特别到 2020 年 12 月，世界高速铁路已建设的里程为 5 万千米，建有高速铁路的国家有中国、日本、法国、德国、意大利、西班牙、比利时、荷兰、瑞典、英国、美国、韩国、俄罗斯、土耳其等，正在规划建设中的国家有瑞士、奥地利、丹麦、加拿大、澳大利亚、印度、科威特、越南、泰国等国家。高铁已成为世界铁路发展的重要趋势,为世界的铁路运输业注入了新的活力。

1.4 高铁的三次飞跃

无论是昨天的轮轨高铁、今天的磁浮高铁,还是明天的超级高铁,高铁总体经历了三次大的质变,也有了三次大的飞跃。从轮轨高铁到磁浮高铁,再从磁浮高铁到超级高铁,相应的速度也由 200 km/h 到 500 km/h,再由 500 km/h 到 1 000 km/h 的飞跃。

第一次飞跃:昨日之轮轨高铁。为了提高普通火车的运营速度,减少运行阻力(主要改进车身设计,采用流线型),便有了轮轨高铁(运行速度 200 km/h 以上)。轮轨高铁是王者归来,地面速度有了很大提升。如图 1.4 所示。

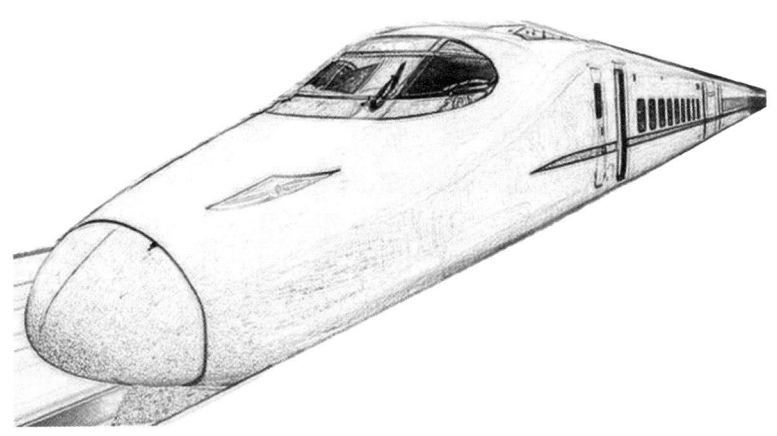

图 1.4 轮轨高铁

普通火车的运能是所有交通工具中的王者,但运行速度很难满足人类需求。因为普通火车都是 200 km/h 以下的速度运行,不能满足人类对快速出行的需要。基于仿生学原理,通过对轨道、车辆等研究,特别是通过火车车型改进,来减小高速列车运行时摩擦阻力和空气阻力,达到提高运营速度的目的。1964 年日本新干线上,高速列车运行速度达到 200 km/h 以上。而火车运营速度 200 km/h 以上,就是高铁了。因此,轮轨高铁是第一类高铁,轮轨高铁是普速火车的第一次飞跃。

轮轨高铁由于受空气阻力和摩擦阻力限制,只能运行在 200 km/h 和 400 km/h 之间。运营速度 400 km/h 是轮轨高铁的预警阀值,超过 400 km/h 极容易脱轨,发生交通事故。所以,轮轨高铁需要进一步完善。

第二次飞跃:今日之磁浮高铁。为了除去轨道与高速列车的摩擦阻力,便有了磁浮高铁。磁浮高铁是腾空而起,地面巨龙出现。如图 1.5 所示。

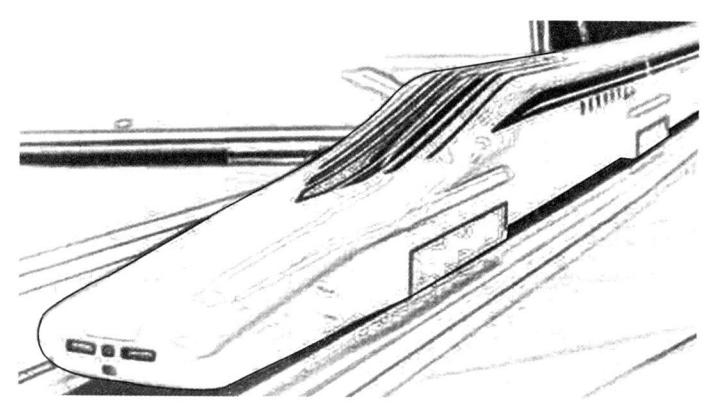

图 1.5　磁浮高铁

为了减小摩擦阻力,提高运行速度,满足人类快速出行的要求,基于"异性相吸,同性相斥"原理,有了磁浮高铁,运行速度达到 400 km/h 以上。在磁浮高铁运行中,磁浮列车不和轨道直接接触,而是浮在轨道上运行,这样没有了摩擦阻力,提高了运行速度。2015 年,日本磁悬浮高铁运行达到 600 km/h 以上。因此,磁浮高铁是第二类高铁,磁浮高铁也是普速铁路的第二次飞跃。

磁浮高铁虽然不受摩擦阻力影响,但由于受空气阻力限制,也只能运行在 400 km/h 和 800 km/h 之间。运营速度 800 km/h 是磁浮高铁的预警阀值，超过该速度运营成本太高。所以，磁浮高铁也需要进一步完善和创新。

第三次飞跃：明日之超级高铁。为了减小高速列车运行时的空气阻力，便有了超级高铁。超级高铁是真空飞行，没有空气阻力，运行速度无极限。如图 1.6 所示。

为了减小空气阻力，提高运行速度，满足人类快速出行要求，基于"真空管道"概念，有了超级高铁，它的运行速度达到 1 200 km/h（音速 340 m/s）以上。超级高铁由于在真空管道运行，不但没有空气阻力，也没有摩擦阻力，可以任性运行，所以运行速度可以达到 10 000 km/h 以上。因此，超级高铁是第三类高铁，将是普速铁路的第三次飞跃。

图 1.6　超级高铁

"速度正成为全球高铁技术竞争焦点"。超级高铁在"磁悬浮+真空"创造的低阻运行环境下，能有效提升未来高铁的速度。特别是高温超导，是指在零下 196 ℃ 的液氮环境中，特殊材料制成的超导体具有零电阻效应。因此，把高温超导体放在永磁轨道上后，可实现列车在低速甚至静止状态下，具有稳定的导向力和悬浮力。而成熟的真空技术，加上成型的高温超导磁悬浮技术，二者相结合即是未来"超级高铁"。

1.5 高铁的不同类型

高铁是一个复杂系统,除了轮轨式的高速铁路外,还包含使用磁悬浮技术的高速轨道运输系统和真空轨道中的超级高铁运输系统。因此,高铁的分类也是比较复杂的问题。大多数学者根据高铁的运营速度来划分高铁。而本书根据高铁运营原理和预警阀值,把高铁分为三类:轮轨高铁、磁浮高铁和超级高铁。其中高铁的预警阀值,主要根据高速列车的能耗和对环境的破坏程度,从速度和经济的角度考虑,把不适合商业运营的速度,作为预警阀值。

第一类:轮轨高铁(Wheel high-speed railway)。轮轨高铁属于轮轨式的高速铁路,本书把它定义为第一类高铁。根据国际铁路联盟的定义,高速铁路是指透过改造原有线路(直线化、轨距标准化),使营运速率达到 200 km/h 以上,或者专门修建新的高速新线,使营运速率达到 250 km/h 以上的铁路系统。轮轨高铁的类型见表 1.3。

表 1.3 轮轨高铁的类型

序号	类 型	速度/(km/h)	名 称	主要国家	备 注
1	第一类型	200~300	低速轮轨高铁	日本、德国	400 km/h 是轮轨高铁运营速度极限值,也是预警阀值
2	第二类型	300~350	中速轮轨高铁	法国、中国	
3	第三类型	350~400	高速轮轨高铁	中国	

1. 轮轨高铁的定义

轮轨高铁就是轮轨式高速铁路,是主要在轨道上运行且靠轮子驱动的高速铁路运输系统,简称轮轨高铁,也叫常规高铁、普速高铁。

2. 轮轨高铁的特征

轮轨高铁的主要特征包括运营速度、预警阀值、运行阻力三个方面。具体如下:

特征一:运营速度。轮轨高铁的运营速度:200~400 km/h。不同国家和地区,根据本国和地区情况,采用不同的运营速度,一般都在 200 km/h

到 300 km/h 之间运营。

特征二：预警阀值。轮轨高铁的预警阀值：400 km/h。预警阀值上限是 400 km/h，超过该值轮轨高铁容易脱轨，发生交通事故。

特征三：运行阻力。轮轨高铁的阻力：摩擦阻力和空气阻力。运行阻力是空气阻力，而且当高铁速度大于 300 km/h 时，空气阻力成指数增加。如：200~250 km/h，空气阻力占 60% 以上；250~300 km/h，空气阻力占 80% 以上；300 km/h，空气阻力占 90% 以上。

第二类：磁浮高铁（Maglev high-speed railway）。磁浮高速铁路属于磁悬浮式的高速铁路，本书把它定义为第二类高铁。磁浮高速铁路从悬浮机理上可分为电磁悬浮（EMS，Electro Magnetic Suspension）和电动悬浮（EDS，Electro Dynamic Suspension）两种。磁悬浮高速列车要使高速列车速度达到 500 km/h，这是普通列车绝对办不到的。如果把超导磁体装在列车内，在地面轨道上敷设铝环，就是利用它们之间发生相对运动，使铝环中产生感应电流，从而产生磁排斥作用，把列车托起离地面约 10 cm，使列车能悬浮在地面上而高速前进。磁浮高铁的类型见表 1.4。

表 1.4 磁浮高铁的类型

序号	类型	速度/(km/h)	名　称	主要国家	备注（1 K = −272.15 ℃）
1	第一类型	400~600	低温磁浮高铁	日本、德国	4.2 K—液氦（稀少、成本高）
2	第二类型	600~700	常温磁浮高铁	日本	15 K—液氢（中等、一般）
3	第三类型	700~800	高温磁浮高铁	日本	77 K—液氮（多、便宜）

1. 磁浮高铁的定义

磁浮高铁就是磁悬浮式高速铁路，主要是悬浮在轨道上运行的高速铁路运输系统，简称磁浮高铁，也叫超导高铁、磁悬浮高铁。

磁悬浮列车作为一种新型的地面交通工具，已从实验阶段走向了商业运营，克服了传统列车轮轨黏着限制、机械噪声和磨损等问题，具有速度快、爬坡能力强、能耗较高、运行时噪声小、安全舒适、不燃油、电磁波污染少等优点，成为人们梦寐以求的理想陆上交通工具。

2. 磁浮高铁的特征

磁悬浮列车是利用超导磁体使车体上浮,通过周期性地变换磁极方向而获取推进动力的列车。磁悬浮列车除速度快之外,还具有无噪声、无震动、省能源的特点。磁浮高铁的主要特征包括运营速度、预警阀值、运行阻力三个方面。具体如下:

特征一:运营速度。磁浮高铁的运营速度:400~1 000 km/h。轮轨高铁的预警阀值是400 km/h,但在低于400 km/h情况下,从运营成本来说轮轨高铁更适合地面运输,所以磁浮高铁的运营速度必须大于400 km/h。

特征二:预警阀值。磁浮高铁的预警阀值:1 000 km/h。磁浮高铁速度超过1 000 km/h时,运营成本太高,不再适合作为交通工具。

特征三:运行阻力。磁浮高铁的阻力情况:空气阻力,无摩擦阻力。磁浮高速列车和轨道不接触,所以没有摩擦阻力。

第三类:超级高铁(Super-speed railway)。超级高铁属于真空管道式的高速铁路,本书把它定义为第三类高铁。超级高铁是一种以"真空管道运输(Pneumatic tubes)"为理论核心设计的交通工具,具有超高速、高安全、低能耗、噪声小、污染小等特点。超级列车有可能是继汽车、轮船、火车和飞机等之后的新一代交通运输工具,即第五种交通工具。超级高铁的类型见表1.5。

表1.5 超级高铁的类型

序号	类 型	速度/(km/h)	名 称	主要国家	备 注
1	第一类型	800~1 200	低速超级高铁	美国	音速:340 m/s,即1 224 km/h
2	第二类型	1 200~10 000	中速超级高铁	—	
3	第三类型	10 000~	高速超级高铁	—	

1. 超级高铁的定义

超级高铁就是真空管道悬浮式高速铁路，主要是在真空管道中悬浮运行的高速铁路运输系统，简称超级高铁，也叫真空高铁、胶囊高铁、高速飞车。

2. 超级高铁的特征

超级高铁的主要特征包括运营速度、预警阀值、运行阻力三个方面。具体如下：

特征一：运营速度。超级高铁的运营速度在1 200 km/h（音速340 m/s）以上，没有上限。

特征二：预警阀值。超级高铁的预警阀值：没有限制，可以任性运行。如果有限制的话，主要还是受人体生理的限制，人体生理适应的最快速度是多少，则超级高铁的预警阀值就是多少。

特征三：运行阻力。超级高铁的阻力情况：无摩擦阻力，无空气阻力。在真空管道运行，所以是零阻力。

为了减少空气阻力，实现快速运行，超级高铁是不可回避的选择。对于超级高铁而言，超高速是人类地面高速交通的交通需求。这是因为：一方面，交通工具的环保性。电气化的轨道交通，人均二氧化碳排放量最小，如汽车100 g/（人·km）、飞机140 g/（人·km）、铁路20 g/（人·km）。另一方面，高铁的快速性。随着社会经济的发展，人们渴望超高速，而真空管道是地面交通达到超高速的唯一途径。"时间就是金钱，时间就是生命"，为了快速出行，超级高铁将是最佳交通工具。

第 2 章　高铁的常用术语

高铁作为一种安全可靠、快捷舒适、运载量大、低碳环保的运输方式，已经成为世界交通业发展的主流交通方式，引领人类走向新时代。据国际铁路联盟统计，截至 2020 年 12 月 31 日，世界所有国家和地区高速铁路总营业里程 5 万多千米，在建高铁规模 1 万多千米，规划建设高铁 2 万千米。见表 2.1。

表 2.1　部分国家高速铁路运营里程（截至 2020 年年底）

国　家	中国	日本	法国	德国	西班牙	意大利	韩国	土耳其
运营里程/km	39 728	3 446	2 793	3 368	4 900	1 048	1 432	2 926

高铁的定义　对于"高速铁路"一词，一直没有统一的定义，所以不同的组织或国家均对"高速铁路"的界定标准不同。但近年各国的标准均趋于接近，国际铁路联盟（International Union of Railways, UIC 是法文 Union Internationale des Chemins de Fer 全称的缩写）的建议是：通过改造原有线路使其设计速度达到 200 km/h，或新建线路的设计速度达到 250 km/h 以上的线路为高速铁路。运输工具的 3S 理论，就是交通领域的"速度 Speed、空间 Space、服务 Service"，三者简称 3S 理论。本书基于运输工具 3S 理论，依照国际铁路联盟的高铁标准，对高铁定义如下：

（1）高铁的 3S 理论：高速铁路的列车速度（Speed）快、乘坐空间（Space）大、舒适程度（comfort）高、服务水平（Service）质量好。

（2）高铁的国际铁路联盟标准：通过改造原有线路使其设计速度达到 200 km/h，或新建线路的设计速度达到 250 km/h 以上的线路为高速铁路。

高铁的类型　高速铁路是一个系统，简称高铁。高铁包括狭义高铁和广义高铁。即：

（1）狭义高铁：一方面，是指传统的轮轨式高速铁路运输系统，这也是最普遍的一种理解，也叫常规高铁；另一方面，是指运营速度200 km/h以上的铁路系统。

（2）广义高铁：传统的轮轨式高速铁路运输系统，使用磁悬浮技术的高速轨道运输系统，以及超级高铁运输系统等。广义高铁系统的分类见表2.2。

表2.2 高速铁路的类型

序号	类 型	名 称		运营速度/（km/h）	备 注
1	第一类高铁	轮轨高铁	低速轮轨高铁	200~300	轮轨式高铁
			中速轮轨高铁	300~350	
			高速轮轨高铁	350~400	
2	第二类高铁	磁浮高铁	低速磁浮高铁	400~600	磁悬浮式高铁
			中速磁浮高铁	600~700	
			高速磁浮高铁	700~800	
3	第三类高铁	超级高铁	低音超级高铁	800~1 200	真空管道磁悬浮高铁
			中音超级高铁	1 200~10 000	
			超音超级高铁	大于10 000	

2.1 高铁的四种模式

世界经济发展历史表明，高铁发挥着举足轻重的作用。这是因为高铁的建设，一方面充分提高了铁路运输速度，使铁路客运能力得到极大的扩充，使城市间的时空距离大大压缩，给人们出行带来极大的方便；另一方面也充分提高了运输能力，进一步提高了服务质量。通过多年发展，高铁在德国、法国、日本和中国等国家都有了自己的发展模式。

2.1.1 日本高铁模式

日本高铁模式也称 Shinkansen 模式。日本新干线（Shinkansen）是单线模式，属于高铁网络中的"一"字网络。单线模式是日本高铁的主要运营形式。单线模式是指全部修建的新线是单一线路，两条线路之间只有一个交点或没有交点。而且单线模式的线路旅客列车专用，没有形成网络，如图 2.1。

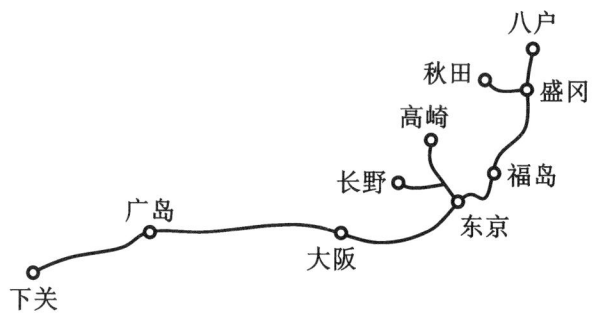

图 2.1 日本高铁单线模式

1964 年 10 月 1 日，日本东海道新干线正式开通营业，运行速度达到 210 km/h，日均运送旅客 36 万人次，年运输量达 1.2 亿人次。这条专门用于客运的电气化、标准轨距的双线铁路，代表了当时世界第一流的高速铁路技术水平。1975 年至 1985 年间，又开通了山阳新干线、东北新干线、上越新干线等高铁线路，1997 年北陆新干线通车营业，形成了日本完善的国内高铁网骨架，见图 2.1。日本由于国土面积小，没有形成高铁网络，主要以单线形式运营，形成"一"字网络。

2.1.2 法国高铁模式

法国高铁模式也称 TGV 模式。法国 TGV（Train a Grande Vitesse）是多线模式，属于高铁网络中的"十"字网络。多线模式是法国高铁的主要运营形式。多线模式是指多条线路（2 条以上线路）有一个公共交点。法国的多线模式既包括修建部分新线,也包括部分旧线进行改造的线路。法国多线模式的线路旅客列车专用,有一个核心点(巴黎),成"十"字,但没有形成复杂交通网络,如图2.2。

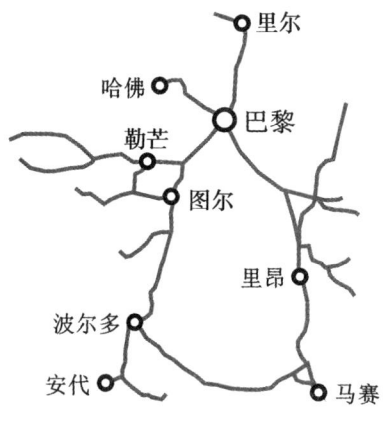

图2.2 法国高铁多线模式

1971年,法国政府批准修建TGV东南线(巴黎至里昂),1976年10月正式开工,1983年9月全线建成通车。1989年,法国又建成大西洋高铁线路。1993年,法国第三条高速铁路TGV北欧线开通运营,以巴黎为起点穿过英吉利海峡隧道通往伦敦,并与欧洲北部国家相连,是一条重要的国际通道。1999年,法国地中海高铁线建成。法国TGV列车可以延伸到既有线上运行,通行范围覆盖大半个法国国土,见图2.2。但法国国土面积也小,也没有形成高铁网络,主要以"十"字式,形成多线形式运营。

2.1.3 德国高铁模式

德国高铁模式也称ICE模式。德国ICE(Inter City Express)是混线模式,属于高铁网络中的"米"字网络。混线模式是德国高铁的主要运营形式。混线模式是德国全部新修建线路,为旅客列车及货物列车混用线路,成"米"字网络,如图2.3。

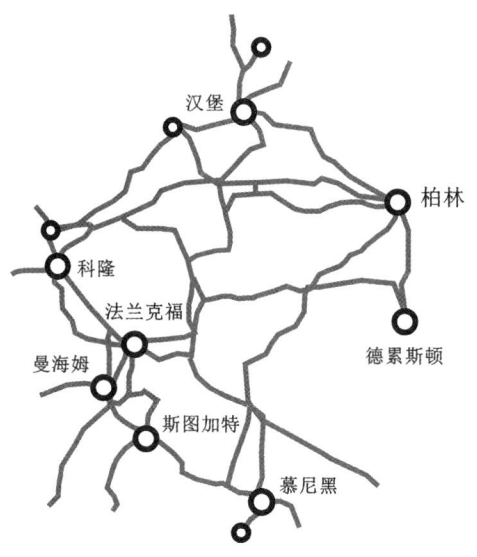

图 2.3　德国高铁混线模式

德国高速铁路 ICE 于 1985 年首次试车，1991 年曼海姆至斯图加特线建成通车。1992 年，汉诺威至维尔茨堡的高铁线建成通车。1992 年，德国的最长高铁线路建成，分别连接汉堡、法兰克福、斯图加特等城市。目前，德国的泛欧高速铁路和第三期高速铁路陆续建成，实现了高速铁路国际直通运输，见图 2.3。

2.1.4　中国高铁模式

中国高铁模式也称 CRH 模式。中国 CRH（Chain Railways High-speed）是网络模式，属于高铁网络中的"井"字网络。网络模式是中国高铁的主要运营形式，中国也是世界上唯一一个形成高铁网络的国家。网络模式是部分线路新建，部分改造旧线，旅客列车专用，形成换乘方便的高铁网络，如图 2.4 所示。

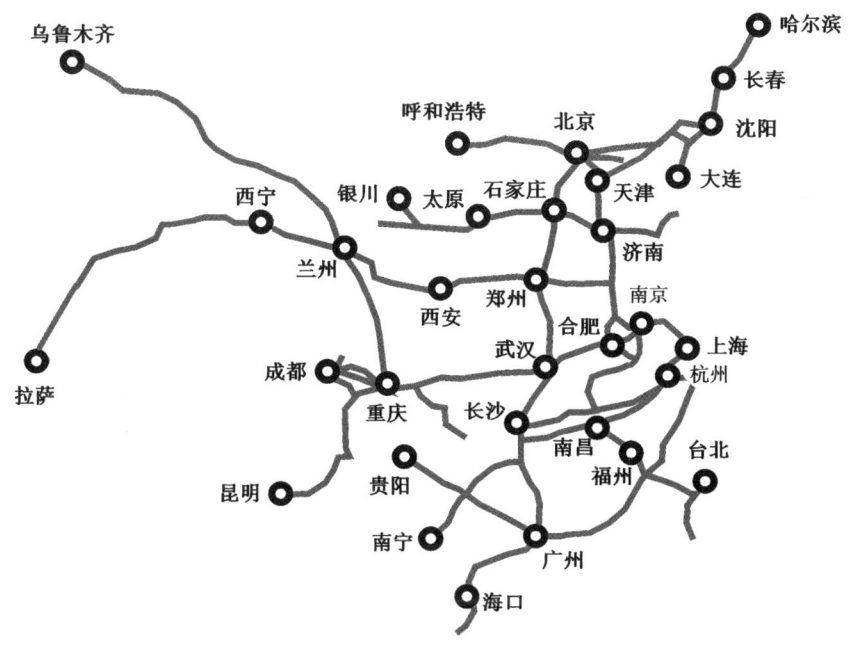

图 2.4 中国高铁网络模式

从 2008 年 8 月 1 日,第一条北京到天津的城际高铁运营以来,中国的高铁迅速发展。到 2015 年 12 月底,中国是全世界高速铁路运营里程最长、在建规模最大,唯一形成"四纵四横"高铁网络的国家。到 2020 年 12 月,中国高铁铁路营业里程达到 3.8 万千米以上,形成"八纵八横"高铁网络,见图 2.4。

2.2 高铁的三种类型

高速铁路由于具有高端性、快速性、便捷性、安全性、准点性、舒适性、环保性、低碳性等特点,广受各国民众推崇。但由于高铁特征较多,全世界对高铁的定义尚未统一,所以本书根据世界上使用的高铁技术特征及运用原理,将高铁分为三类:轮轨高铁、磁浮高铁和超级高铁。

2.2.1 轮轨高铁

国际铁路联盟是欧洲一些国家的铁路机构以及其他洲的铁路机构和有关组织参加的非政府性铁路联合组织,后来扩大到一些非欧洲国家的组织,简称铁盟。其宗旨是推动国际铁路运输的发展,促进国际合作,改进铁路技术装备和运营方法,开展有关问题的科学研究,实现铁路建筑物、设备的技术标准的统一。本书对轮轨高铁的定义,是采用中国标准来定义的,如图 2.5。

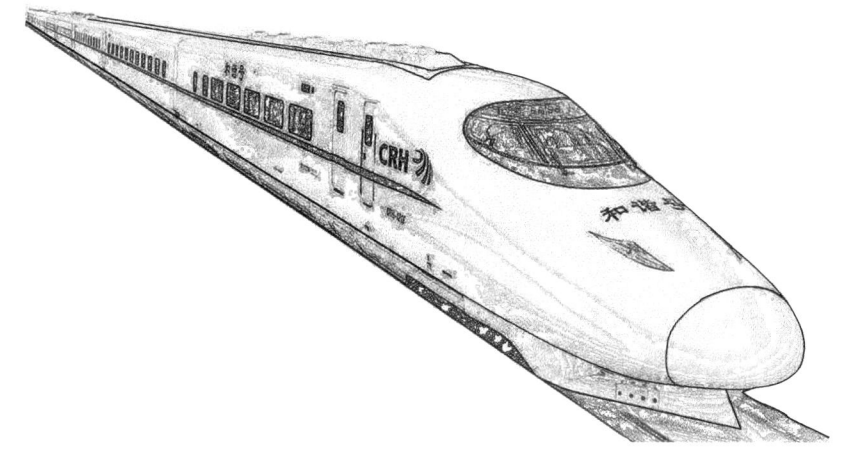

图 2.5 中国轮轨高铁

定义一　国际铁路联盟标准　根据国际铁路联盟的定义,轮轨高速铁路是指通过改造原有线路(直线化、轨距标准化),使营运速率达到 200 km/h 以上,或者专门修建新的"高速新线",使营运速率达到 250 km/h 以上的铁路系统。高速铁路除了在列车在营运达到速度一定标准外,车辆、路轨、操作都需要配合提升。

定义二　欧盟标准　欧盟在组建泛欧高速铁路线网(Trans-European high-speed rail network,TENR)体系的过程中,提出"高速铁路"和"高速铁路机动车辆"的定义,并发布了"96/48/EC 号指令"(DIRECTIVE 96/48/EC),给出"高速铁路"和"高速铁道机车车辆"两方面的标准。此标准现在普遍适用于欧盟成员国。新建高速铁路的容许速度达到 250 km/h

或以上；经升级改造的高速铁路，其容许速度达到200 km/h。

定义三 联合国经济委员会标准 联合国欧洲经济委员会（United Nations Economic Commission for Europe，UNECE）在日内瓦签署的《国际铁路干线协议》规定，高速铁路专线在主要路段的容许速度达到250 km/h以上，经升级改造的铁路在主要路段的容许速度达到200 km/h。

定义四 日本标准 日本是世界上最早开始发展高速铁路的国家。日本政府在1970年发布第71号法令，对高速铁路的定义是：凡一条铁路的主要区段，列车的最高运行速度达到200 km/h或以上者，可以称为高速铁路。

定义五 中国标准 我国2009年试行的《高速铁路设计规范（试用）》规定，高速铁路high-speed railway（HSR）：新建铁路旅客列车设计最高行车速度达到250 km/h及以上的铁路。2014年1月1日起实施的《铁路安全管理条例》(附则)规定：高速铁路是指设计开行时速250 km/h以上（含预留），并且初期运营时速200 km/h以上的客运列车专线铁路（简称客运专线或客专）。

2.2.2 磁浮高铁

磁悬浮高铁（Maglev railway）是一种现代高科技轨道交通工具，它通过电磁力实现列车与轨道之间的无接触的悬浮和导向，再利用直线电机产生的电磁力牵引列车运行。因此，本书把磁悬浮高铁统称磁浮高铁。图2.6为日本磁浮高铁。

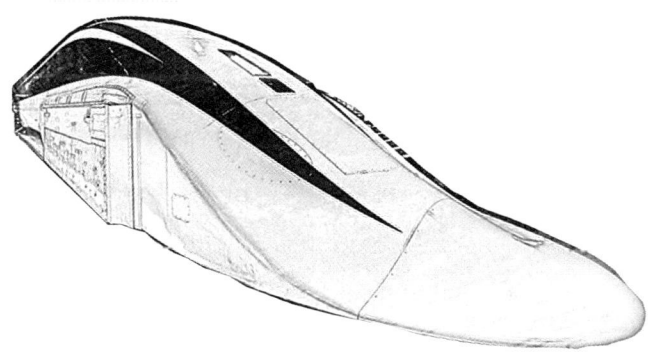

图2.6 日本磁浮高铁

磁浮高铁主要由悬浮系统、推进系统和导向系统等三大部分组成。尽管可以使用与磁力无关的推进系统，但在目前的绝大部分设计中，这三部分的功能均由磁力来完成。轮轨高铁与磁浮高铁的区别如图2.7。

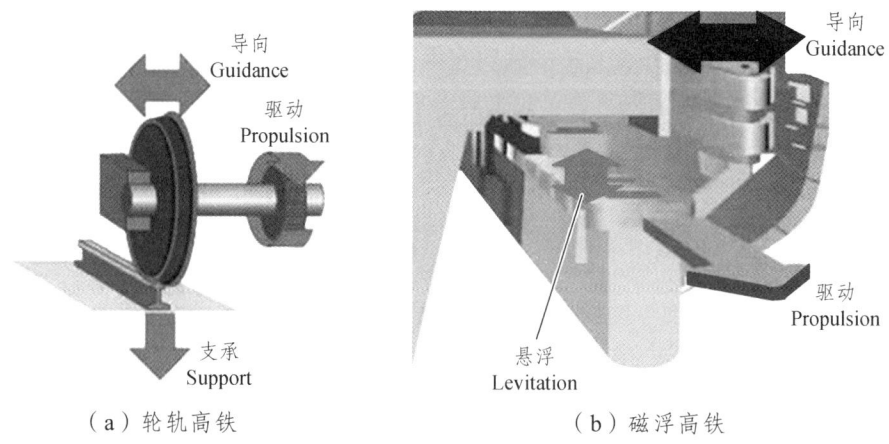

（a）轮轨高铁　　　　　　　　（b）磁浮高铁

图2.7　轮轨高铁与磁浮高铁的区别

1. 磁悬浮列车的悬浮方式

磁铁从一块金属的上方经过，金属上的电子因磁场改变而开始移动。电子形成回路，所以接着也产生了本身的磁场。因为磁铁的同极相斥，让磁铁在一块金属上方移动，结果会对移动中的磁铁产生一股往上推动的力量。如果磁铁移动得足够快，这个力量会大得足以克服向下的重力，举起移动中的磁铁。

2. 磁悬浮列车的导向方式

磁悬浮列车利用电磁力的作用进行导向。目前，磁悬浮列车的导向主要有两种形式：常导磁吸式的导向系统和超导磁斥式的导向系统。

第一种：常导磁吸式的导向系统。常导磁吸式的导向系统与悬浮系统类似，是在车辆侧面安装一组专门用于导向的电磁铁。车体与导向轨侧面之间保持一定间隙。当车辆左右偏移时，车上的导向电磁铁与导向轨的侧面相互作用，使车辆恢复到正常位置。控制系统通过对导向磁铁中的电流进行控制来保持这一侧向间隙，从而达到控制列车运行方向的目的。

第二种：超导磁斥式的导向系统。超导磁斥式的导向系统可以采用三种方式构成：方式一、在车辆上安装机械导向装置实现列车导向；方式二、在车辆上安装专用的导向超导磁铁，使之与导向轨侧向的地面线圈和金属带产生磁斥力，该力与列车的侧向作用力相平衡，使列车保持正确的运行方向；方式三、利用磁力进行导引的："零磁通量"导向系铺设"8"字形的封闭线圈。

3. 磁悬浮列车的推进方式

磁悬浮列车推进系统是把旋转电机展开成直线电机。它的基本构成和作用原理与普通旋转电机类似，展开以后其传动方式也就由旋转运动变为直线运动。

磁浮高铁的导向和支撑见图 2.8。

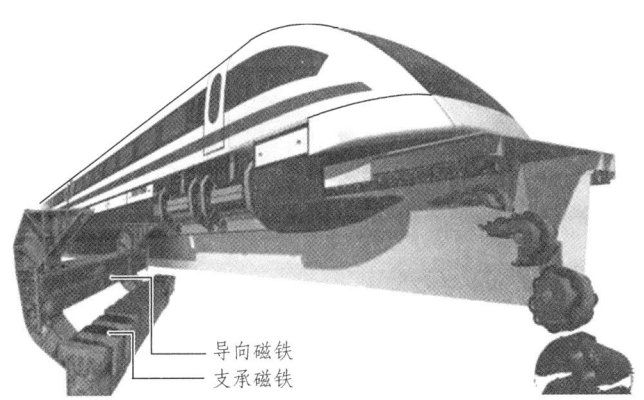

图 2.8　磁浮高铁的导向和支撑

2.2.3　超级高铁

超级高铁（Pneumatic tubes，Super-speed railway）是一种以"真空管道运输"为理论核心设计的交通工具，具有超高速、高安全、低能耗、噪声小、污染小等特点。超级列车有可能是继汽车、轮船、火车和飞机之后的新一代交通运输工具。2013 年，美国马斯克（Elon Musk）提出超级高铁计划，他认为超级高铁可以以 1 200 km/h 的超高速度远距离运送乘客。因此，超级高铁是未来交通的发展方向,很多国家正在研发(如中国、俄罗斯、法国和美国等)。

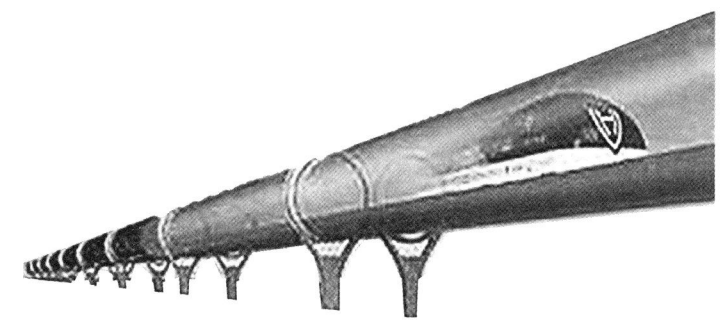

图 2.9 超级高铁示意图

超级高铁系统是建造一条与外部空气隔绝的管道,将管内抽为真空后,在其中运行磁悬浮列车等交通工具(基于美国马斯克的设想,超级高铁示意图见图2.9),运载工具(即超级列车)处于一个几乎没有摩擦力的环境中,利用低压管内的浮舱以 1 200 km/h 的速度运送旅客。从现有五种交通运输方式(轨道、航空、水运、道路、管道等)特征来看,超级高铁分别具有五种交通工具的部分特征,见表2.3。

表 2.3 超级高铁与其他交通运输方式对比分析

序号	交通运输方式	超级高铁的属性特征	备 注
1	管道交通	管道中运输	具有管道交通的运输特征
2	轨道交通	磁悬浮技术(类似磁浮高铁)	具有轨道交通的运输特征
3	道路交通	运输能力相当于公共汽车的运输能力(大巴 20~50 人)	具有道路交通的运输特征
4	航空交通	运行速度和飞机的飞行速度差不多	具有航空交通的运输特征
5	水运交通	空气中漂浮	具有水运交通的运输特征

因此,超级高铁是集现有五种交通工具(管道、轨道、道路、航空和水运等)特征于一体的新型交通工具,也可能是第六种交通运输工具。其

架构图如图 2.10 所示。

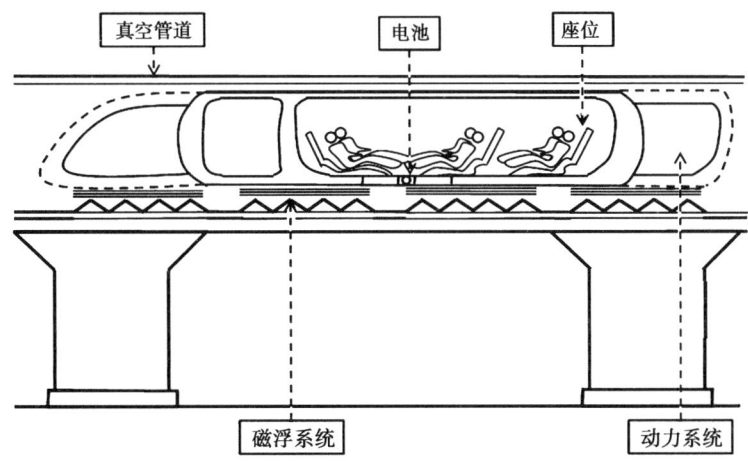

图 2.10 超级高铁架构图

1. 超级列车（Super-speed train）

超级高铁是利用"真空管道运输"的概念建造的一种全新交通工具。该交通工具是继汽车、轮船、火车和飞机等之后的新一代交通运输工具，具有超高速、高安全、低能耗、无噪声、零污染等特性。由于在管道中真空运行，且采用磁悬浮技术，所以本书建议该交通工具叫真空飞车或超级列车，见图 2.11。

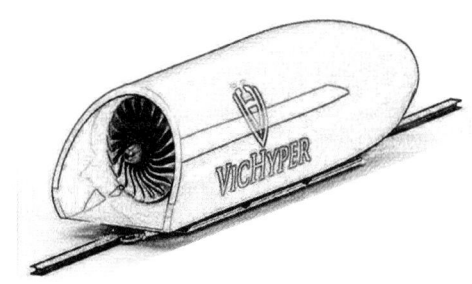

图 2.11 超级列车（真空飞车）

超级高铁也叫真空管道磁悬浮列车（简称真空磁悬浮列车），是一种还未建设出来的火车。根据设想，此种列车在密闭的真空管道内行驶，不受空气阻力、摩擦及天气影响,且客运专线铁路造价比普速铁路还要低,其速度可达到 20 000 km/h,将超过飞机速度的数倍,耗能却比飞机低很多倍。这种交通工具在未来,可能成为 21 世纪人类最快的交通工具。

2. 真空管道(Pneumatic tubes)

超级高铁有别于传统铁路,是真空悬浮无摩擦力飞行系统,该系统是一套全新的高速运输体系。超级高铁系统由运输管道、载人舱体、真空设备、悬浮部件、弹射和刹车系统等组成。超级高铁管道见图 2.12。

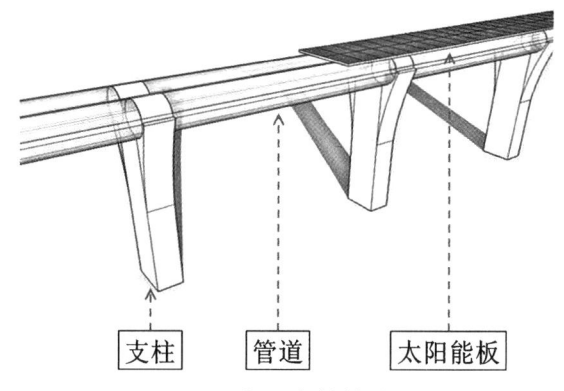

图 2.12　超级高铁管道

(1)超级高铁的运行特征:在管道内部无阻力运行,超级列车悬浮于空中,其运行速度可达 1 000 km/h 以上。

(2)超级高铁的发送方式:通过磁浮技术,超级列车漂浮于真空处理的管道中,再利用弹射装置,发射超级列车沿着管道无间断地驶向目的地。

2.3　高铁的技术特性

速度是人类永恒的追求,没有最快只有更快。高速铁路作为一种运输方式,不断挑战速度极限。而高铁技术作为一种尖端技术,不同国家也不断追求着新技术。目前,日本、法国、德国、中国等国家分别拥有不同的高铁技术。因此,不同国家采用不同的高铁技术来构建自己的高速铁路。

2.3.1 轮轨高铁技术

轮轨高铁使用广泛，技术比较成熟。其中比较典型的技术有：日本新干线（Shinkansen）技术、法国 TGV 技术、德国 ICE 技术和中国 CRH 技术。

1. 高铁 TGV 技术

TGV 技术是法国的技术，TGV 是法文 train à grande vitesse 的缩写，翻译过来是高速列车的意思。TGV 列车最早的原形是 TGV001，它以燃气涡轮发动机为动力，在 1972 年 11 月 8 日创造了速度 318 km/h 的世界纪录。2007 年 4 月 3 日，在法国一段经过特殊加固的铁路线上一列名为 VH150（very high speed 150 m/s，即 540 km/h）的双层 TGV 列车，经过 14 min 的连续加速，达到了 574.8 km/h 的超高瞬时速度，这也是目前轮轨高铁最快的实验速度。目前，欧洲运营"欧洲之星"（如图 2.13）就是法国的技术。

图 2.13 "欧洲之星"高速列车

2. 高铁 ICE 技术

ICE 技术是德国的技术。德国 ICE 城际特快列车，ICE（Inter City Express）是德国国铁为迈向国际化所注册的英文名字。ICE 系统是一个连接各大城市的高速铁路系统。在整个 ICE 路网中，高速列车只可以在两段高速路线上达到 300 km/h 的最高营运速度。早在 1980 年代德国已经研究并开发 ICE 高速铁路系统及列车，其服务范围除涵盖德国境内各主要大城市外，还跨越邻近国家行经多个城市。德国高速列车如图 2.14。

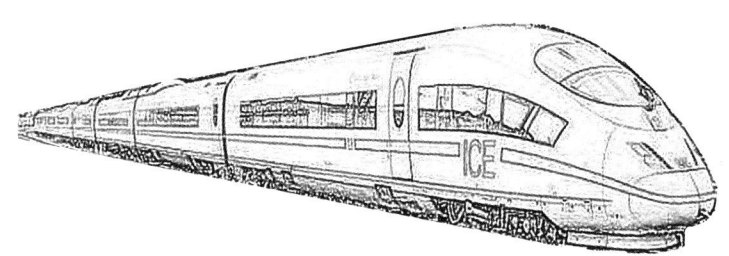

图 2.14　德国高速列车

3. 高铁新干线（Shinkansen）技术

新干线（Shinkansen）是日本技术。新干线是贯通日本全国的高速铁路系统。新干线以"子弹列车"闻名，轨距属于标准轨（1 435 mm）。除了迷你新干线的路段外，列车运行车速可达到 270 km/h 或 300 km/h，但在进行高速测试时，曾创下速度 443 km/h 的最高纪录（新干线 955 型电力动车组在 1996 年时所创下）。新干线的稳定运行全靠日本成熟的高铁控制技术，列车发车间隔可以缩短至 5 min。由于全部列车都采用动力分散式设计，新干线也是世界上行驶过程最平稳的列车之一。日本高速列车如图 2.15。

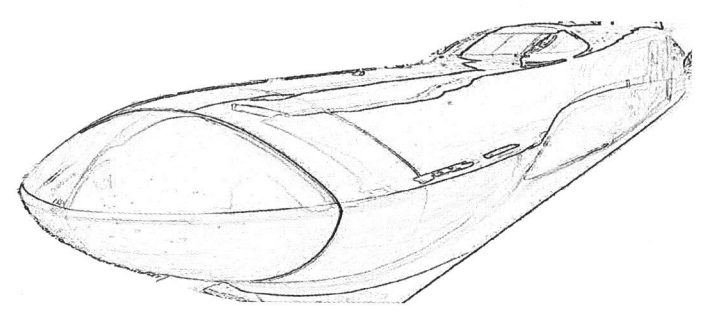

图 2.15　日本高速列车

4. 高铁 CRH 技术

CRH 技术属于中国技术，CRH 是 China Railway High-speed 的缩写，翻译过来是中国高铁的意思。从 2008 年 8 月 1 日，第一条北京到天津的城际高铁运营以来,中国高速铁路迅速发展。如前所述,到 2015 年 12 月底,中国是全世界高速铁路运营里程最长、在建规模最大,唯一形成"四纵四横"高铁网络的国家。到 2020 年 12 月,中国高铁铁路营业里程达到 3 万千米以上,形成"八纵八横"高速铁路网络规模。特别是"和谐号"新一代高速动车组,最高运营速度为 380 km/h,在气密强度、旅客界面、智能化等多个方面进行了系统创新,达到世界领先水平。中国在铁路领域坚持原始创新、集成创新和引进消化吸收再创新相结合,掌握了速度 250 km/h 和速度 350 km/h 及以上速度等级的高速铁路成套技术,构建了具有自主知识产权和世界先进水平的高铁技术体系。中国高速列车如图 2.16。

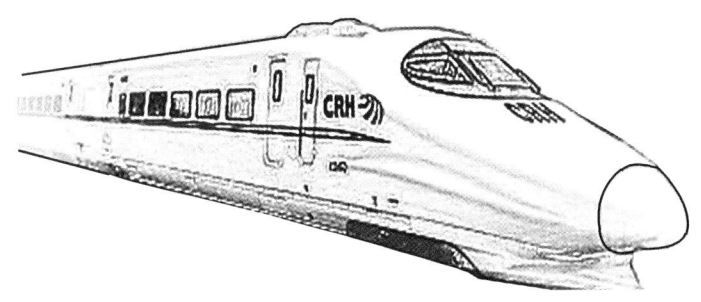

图 2.16 中国高速列车

2.3.2 磁浮高铁技术

磁浮铁路是一种新型的交通运输系统,主要是利用"同性相斥、异性相吸"的电磁浮原理,以磁铁对抗地心引力,让车辆悬浮起来,然后利用电磁力引导,推动列车前行。即利用电磁系统产生的排斥力将车辆托起,使整个列车悬浮在导轨上,利用电磁力进行导向,利用直线电机将电能直接转换成推动列车前进。它消除了轮轨之间的接触,没有了轮轨之间的摩擦阻力,线路垂直负荷小、时速高、无污染、安全、可靠、舒适。但技术不成熟,其应用前景依然不如轮轨高铁。磁悬浮列车如图 2.17。

图 2.17　磁悬浮列车

1. 磁悬浮列车系统构成

磁悬浮列车主要由悬浮系统、推进系统和导向系统三大部分组成，尽管可以使用与磁力无关的推进系统，但在绝大部分设计中，这三部分的功能均由磁力来完成。车辆是磁悬浮铁路的重要组成部分，是一种不与地面接触的运载工具，随着时代的发展和制式的不同要求，车辆也不断地更新。磁悬浮车辆的车体外形酷似一个甲壳虫，跨坐在轨道上。车辆主要由三部分构成，即：客室、操纵室和动力室。客室占的比重较大，内设若干排座椅。动力室中设有辅助动力装置、冷冻机空调器和冷却风扇等设备。此外还设有车辆转向架，在车辆未浮起或减速停车着地时的辅助支持车轮。

2. 磁悬浮列车分类

悬浮系统可以分为两个方向，分别是德国所采用的常导型和日本所采用的超导型。从悬浮技术上讲就是电磁悬浮系统（EMS）和电力悬浮系统（EDS）。目前有三种典型的磁悬浮技术：第一种是德国发明的电磁悬浮技术，如上海磁悬浮列车；第二种是日本发明的低温超导磁悬浮技术，如日本在建的中央新干线磁浮线；第三种是高温超导磁悬浮，与低温超导磁悬浮的液氦冷却（零下 269 ℃）不同，高温超导磁悬浮采用液氮冷却（零下 196 ℃），工作温度得到了提高。

第一类型：德国的常导型磁悬浮技术。常导磁悬浮（Normal conducting

magnetic levitation）是用于高速磁悬浮列车的一种技术。常导磁悬浮采用直流电磁铁与良导磁材料之间的电磁吸力，借助自动闭环控制实现。常导电磁吸引式磁悬浮，主要是电磁力主动控制悬浮，由车上常导电流产生的电磁吸引力，吸引轨道下方的导磁体，使列车浮起，再由直线电动机驱动前进。如图2.18。

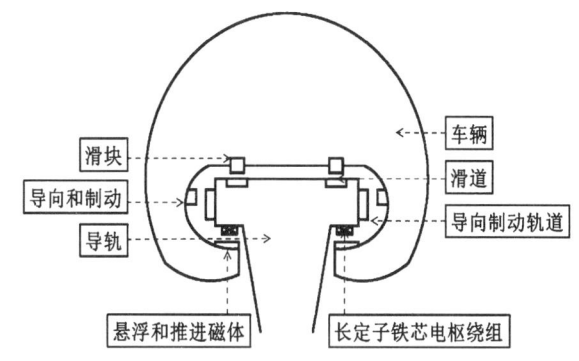

（a）磁浮逻辑图

（b）磁浮列车

图2.18 德国常导型磁悬浮技术

常导型也称常导磁吸型，以德国高速常导磁悬浮列车Transrapid为代表，它是利用普通直流电磁铁电磁吸力的原理将列车悬起，悬浮的气隙较小，一般为10 mm左右。常导型高速磁悬浮列车的速度为400～500 km/h。1922年，德国工程师赫尔曼·肯佩尔（Hermann Kemper）提出了电磁悬浮原理，随着工业化国家经济实力不断增强，为提高交通运输能力以适应其经济发展和民生的需要,德国开展了磁悬浮运输系统的研发。德国的Transrapid公司于2001年在中国上海浦东国际机场至地铁龙阳路站兴建磁悬浮列车系统,并于2002年正式启用。该线全长30 km,列车最高速度达430 km/h,由起点至终点站只需8 min。

第二类型:日本的超导型磁悬浮技术。超导磁悬浮(Superconducting maglev)是利用超导磁体使车体上浮,通过周期性地变换磁极方向而获取推进动力的列车。超导型磁悬浮列车是利用同性磁极之间相互排斥的原理来实现车辆悬浮的。因而列车速度愈大这个排斥力就愈大,当速度超过一定值时,列车就脱离路轨表面实现悬浮。超导磁悬浮就不是列车包轨道了,而是轨道包列车,它是利用车载超导磁体在运动过程中与轨道的感应磁场产生相互排斥力,而悬浮于轨道上,列车在一个U形槽内运营,如图2.19。

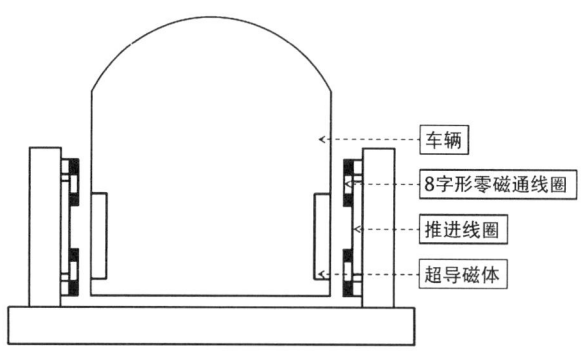

(a)磁浮逻辑图

(b)磁浮列车

图2.19 日本超导型磁悬浮技术

超导型又称超导磁斥型,以日本 MAGLEV 为代表。它是利用超导磁体产生的强磁场,列车运行时与布置在地面上的线圈相互作用,产生电动斥力将列车悬起,悬浮气隙较大,一般为 100 mm 左右,速度可达 500 km/h 以上。日本东海铁路公司创造的 603 km/h 速度山梨线的 MLU 型车即为超导推斥型磁悬浮列车的代表。超导磁浮列车除速度快之外,还具有无噪声、无震动、省能源的特点,有望成为今后交通工具的主力。东京品川站至名古屋站之间的路段预定在 2027 年开始运营山梨磁悬浮试验线,今后将转为运营线路,作为磁悬浮中央新干线使用,最高速度定为 550 km/h。

2.4 高铁的速度界定

速度作为交通运输现代化的重要标志之一,往往在很大程度上影响着某种运输方式或某种交通工具的兴衰。铁路自诞生以来,正是由于它在运输速度和运输能力上的巨大优势,才在很长的历史时期内成为世界各国交通运输的骨干,极大地推动着社会进步和历史进程。而高速铁路运营速度包括最高运营速度、平均旅行速度、隧道内会车速度等多个概念,而每个概念都有实际意义。一般情况下,最高实验速度比最高运营速度至少要高出 10%,以保证安全。高铁的速度主要包括:最高试验速度、最高运营速度和最高设计速度等。而高铁运营速度对旅客有实际意义,所以生活人们谈到的基本都是运营速度。

(1)试验速度(Test speed)。对于任何运输系统来说,试验速度就是在特殊的计划和外界条件下,如线路、功率提升、特殊的信号和车辆装备下所得到的速度,它通常在特殊的运作方式和安全防范等措施下达到。

(2)运营速度(Operating speed)。最高运营速度就是系统在常规设计,并在日常条件下运营的最高速度(见表 2.4)。高铁整个系统——其结构、车辆、控制、保障等,必须设计成能够在日常条件下以该速度运作,并且要经受乘客的乘坐和天气变化,并由专门人员操纵的运行速度。

(3)设计速度(Design speed)。设计速度又称计算行车速度,是指当气候条件良好、高速列车运行只受轨道本身条件（几何要素、轨道、附属设施等）影响时，中等驾驶技术的驾驶员能保持安全顺适行驶的最大行驶速度。

表 2.4　部分国家高铁的最高运营速度

序号	国家	时间	车辆	最高运营速度/(km/h)	备注
1	法国	2007-04-03	TGV	320	轮轨高铁
2	中国	2008-08-01	CRH	350	
3	日本	1967-07-05	955型电车	320	
4	德国	1999-10-03	ICE	300	

目前，在多个国家每天运营的成百上千列列车中，它们的最高运营速度为 250～350 km/h，法国 TGV 最近创造了以平均速度 317 km/h 运行 1 000 km 的纪录。而日本、法国、德国、中国等高铁速度的对比分析，如图 2.20。

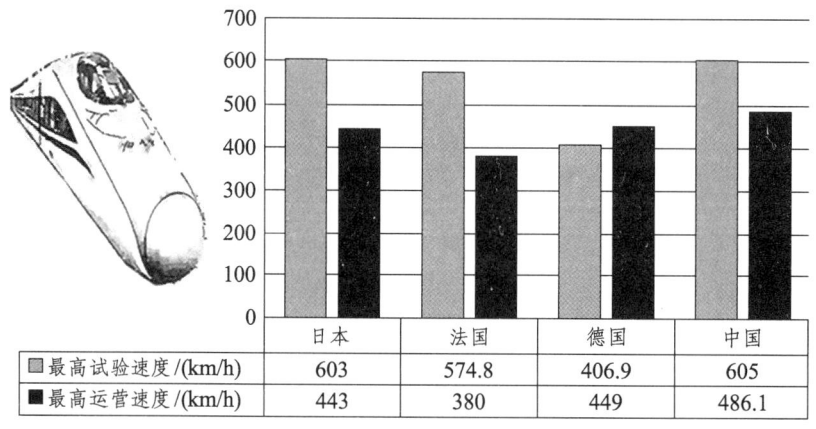

图 2.20　各类高铁速度对比

速度是衡量一个国家高速铁路技术水平的主要指标，特别是运营速度。因为运营速度是指在安全性、可靠性、经济性，包括节能环保等一系列指标下的运营速度。从这些方面讲，运营速度标志着高速铁路技术是否已经处于世界领先水平。

2.4.1 中国高铁之"务实精神"

中国是世界上高速铁路系统技术最全、建设规模最大、集成能力最强、运营里程最长、运行速度最高的国家。高铁改变了中国，中国高铁改变了世界。无论平时还是假日高峰，高铁承担起越来越重要的运输职能。一方面，从时间上看，高铁使出行时间大幅缩短，舒适度大为提高；另一方面，从空间上看，高铁使"同城效应""一小时经济圈""半小时都市圈"形成，人流、物流周转加快，带动了沿线经济转型和社会进步。

（1）最高运营速度——486.1 km/h。2010年12月3日，在京沪高铁枣庄至蚌埠间的先导段联调联试和综合试验中，由中国南车集团研制的"和谐号"380A新一代高速动车组在当天上午11时28分最高速度达到486.1 km/h。这是2010年9月28日沪杭高铁试运行创下416.6 km/h 的速度纪录之后，中国高铁再次刷新世界铁路运营试验最高速的纪录。试验列车如图2.21。

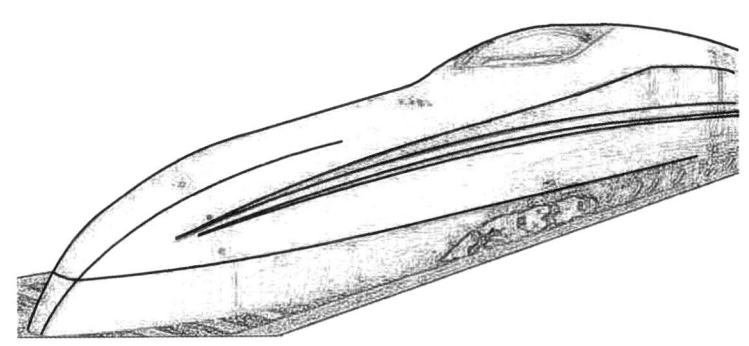

图 2.21　青岛南方列车试验列车

（2）最高轮轨试验速度——605 km/h。2014年1月8日，中国南车制造的 CIT500 型高速列车的试验速度达到了 605 km/h，打破了法国高速列车 TGV 在 2007 年 4 月 3 日创造的速度 574.8 km/h 的世界纪录，为世界高速列车最大试验速度（图 2.22）。现在中国高铁运营速度最高约 350 km/h。而京广高铁全长 2 298 km，是全球运营里程最长的高速铁路。

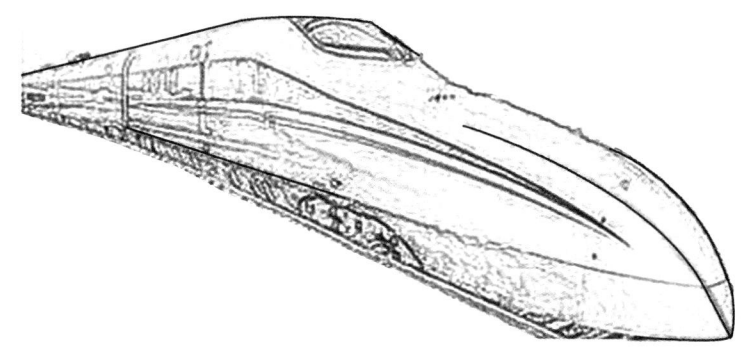

图 2.22　中国 CIT500 型高速列车

中国高铁技术发展方兴未艾，相信未来必将引领全球。这不是因为中国是后发者有技术集成的优势，而是因为中国拥有最庞大的高铁网络（超过世界总里程 60%）、最复杂的高铁运行环境、最庞大的高铁乘客数量，这样的客观实践必将产生一流的高铁标准，催生先进的中国高铁技术。

2.4.2　法国高铁之"浪漫品质"

2007 年 4 月 3 日法国当地时间下午 1 点，法国阿尔斯通公司制造的 TGV3 中的"V150"列车在巴黎东南部的一段经特殊加固的铁路线上，速度达到了 574.8 km/h，创下当时新的有轨铁路行驶速度的世界纪录（图 2.23）。在新纪录诞生之前，官方正式公布的法国高速列车最高速度为 515.3 km/h，该纪录诞生于 1990 年 5 月 18 日。在那之后，阿尔斯通公司就一直在法国东线高速铁路上进行新型高速列车的非正式试验，在总共 200 多小时、3 200 多千米的试车试验中，V150 有 40 次的瞬间速度超过了 450 km/h，并曾创造 559 km/h 的最高纪录。

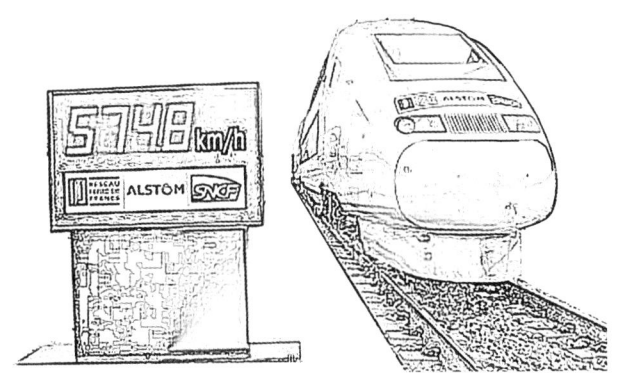

图 2.23 法国高速铁路最高轮轨试验速度

新型试验高速列车名为"V150",意思是希望能实现 150 m/s 的行驶速度,即突破速度 540 km/h 目标。V150 试验列车由前后 2 辆牵引机车、3 节双层客运车厢和 2 个动轮转向架组成,全长 106 m,质量达 268 t。由于采用了永磁发动机技术,动力系统比传统高速列车更强劲、能耗更少,动力可达 19.6 MW(兆瓦)。

2.4.3 日本高铁之"创新意识"

日本新干线以"子弹列车"闻名。新干线于东京奥运前夕开始通车营运,第一条路线是连接东京与新大阪之间的东海道新干线。新干线的轨距属于标准轨(1 435 mm)。除了迷你新干线的路段外,列车运行车速可达到 260~320 km/h。但在进行高速测试时,轮轨列车曾创下 443 km/h 的最高纪录;磁悬浮列车则曾创下 603 km/h 的最高纪录。

(1)轮轨高铁。新干线 955 型电力动车组是东海旅客铁道(JR 东海)为了设计 300 系的后继车,1995 年日本中央铁道准备在东海道新干线上测试速度高于 350 km/h 的列车而制造的。JR 东海于 1995 年制造了一列 6 辆编组的高速实验车辆,并定名为 300X(正式名称为新干线 955 型电力动车组),所有车辆均为动力车,于 1996 年 7 月 26 日凌晨在东海道新干线京都至米原间创下全日本轨道列车最高速度 443 km/h 的纪录,并曾多次在东海道新干线和山阳新干线进行列车试验。如图 2.24。

图 2.24　新干线 955 型电力动车组

(2)磁浮高铁。2015 年 4 月 21 日,日本 JR 东海公司利用 L0 系超导磁悬浮列车进行了高速运行试验,在山梨磁悬浮试验线所在的隧道内,L0 系超导磁悬浮列车用 10.8 s 的时间行驶了 1.8 km,达到了载人行驶 603 km/h,比现有吉尼斯世界铁道载人行驶纪录高出 22 km。如图 2.25。

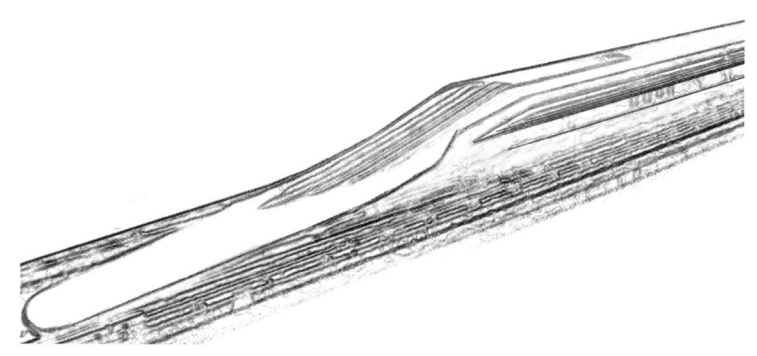

图 2.25　日本 L0 系超导磁悬浮列车

2.4.4　德国高铁之"严谨态度"

目前高速铁路有磁悬浮技术和传统的轮轨技术。以前德国政府一直比较重视相对先进的磁悬浮技术,但由于磁悬浮铁路造价昂贵,并与现有铁路无法接轨,因此德国政府一直没把依靠磁悬浮技术的高铁投入商业运营。而值得一提的是，德国"TR-09"磁悬浮列车在单轨道行驶，最高速度为449 km/h。

使用传统轮轨技术的ICE-V列车之前也一直处于试验阶段，直到1981年法国的TGV列车用事实证明了高速火车在商业上的成功，德国才开始准备把这种列车投入高速列车的研究和运营。从那以后，德国高速动车已开发了ICE1～3型共三代，设计最快营运速度已由第一代、第二代的280 km/h，提升至第三代的320 km/h。直至近年，德国铁路公司2015年12月4日在柏林推出第四代城际高速列车ICE4，其行驶速度也限制在250 km/h，因为根据德国的情况，平均80 km就有1个停靠站，适合速度300 km/h以上的路段很少。德国第四代列车与其他高速列车相比，使用轻型材料制造的列车总重减少了15%；同时将车厢内部配件标准化固定，增加了10%的乘客空间；并从铁路运输企业的角度出发，在提升旅行舒适度、提高载客数量、降低列车寿命周期成本等方面改进了性能。

德国ICE列车如图2.26。

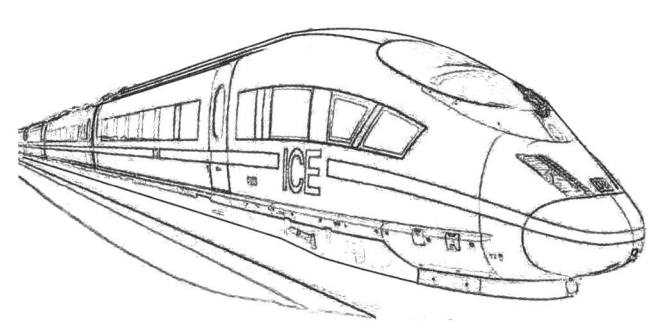

图2.26 德国ICE列车

第3章 高铁的设计理念

"用艺术的理念去规划,用规划的心灵去设计"。设计理念是设计师在空间作品构思过程中所确立的主导思想,它赋予作品文化内涵、地域特色、历史因素和风格特点。虽然不同的设计师有不同的设计理念,但好的设计理念至关重要,它不仅是设计的精髓所在,而且能令作品具有个性化、专业化、实用化和差异化的效果。高铁也是这样,不但要求高速列车跑得快,而且要求高速列车漂亮,具有一定的内涵、个性和文化特征。因此,在高铁的建设过程中,许多生活理念在高速列车设计中得到体现。本书主要从"点、线、面"来解析高铁中的设计理念,特别是"点"的设计,即"动态点(高速列车)"的设计和"静态点(高速站点)"的设计。比如由捕鱼的翠鸟想到高速列车的设计,如图 3.1、图 3.2。

图 3.1 捕鱼的翠鸟

·第3章 高铁的设计理念·

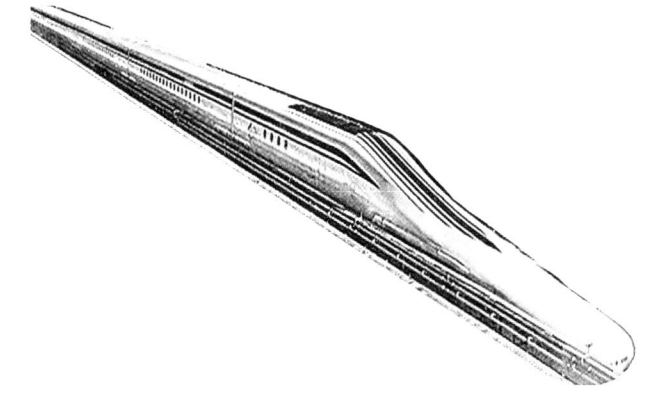

图3.2 基于"翠鸟"的高速列车设计理念

在高速铁路设计中,"点"的设计理念包括高速铁路动态点的设计理念和静态点的设计理念。高速铁路动态点的设计理念是高速列车的设计理念;高速铁路静态点的设计理念是车站站点的设计理念。本书主要从高速列车的设计理念和车站站点的设计理念两个方面,来解说高铁中"点"的设计理念。如图3.3。

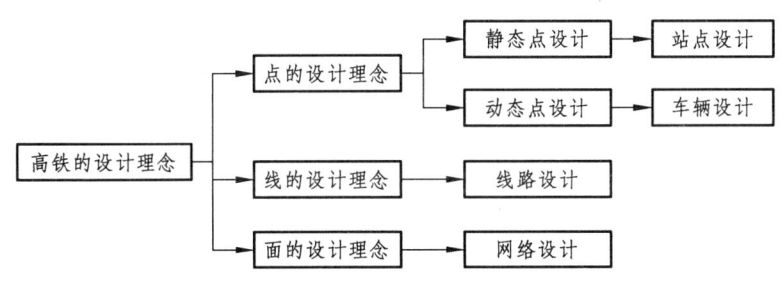

图3.3 高铁的设计理念及流程

高速铁路的设计理念,基于实用性原则,采用生活理念,来进行高铁的设计创新。高铁的设计主要是基于"理""念""新"的原则来创新。

(1)高铁设计中的"理"原则:有科学理论和先进技术的支撑。科学理论是设计的基础,先进技术是设计的动力。在高铁设计中主要是以交通运输工程学、空气动力学、系统工程学等科学理论为基础,以电子技术、计算机技术和其他高端技术为依据,进行高铁的设计创新。

(2)高铁设计中的"念"原则:理念来源于生活。无论是先进理论还

是新颖理念都来源于实践，但高于实践。高铁设计只有理论联系实践，才能有好的设计理念。高铁设计中要从生活中找灵感，找创新源头，这样才能解决高铁中的实际问题。

（3）高铁设计中的"新"原则：打破常规，不拘泥于过去和传统，敢于创新。在高铁设计中敢于打破常规，不断尝试新思想、新方法、新思路。这样才能达到创新效果。

"设计源于生活，而高于生活"。不同国家对高速列车的设计理念有所不同，但无论哪种设计都源于生活，其目的都是要"快"。由于生活中，不同动物出行速度不一样，所以不同国家根据各国具体情况参照不同动物来设计适合自己的高速列车。如：日本"新干线"的高速列车以空中飞行动物"鸟"的理念来设计高速列车，德国"ICE"的高速列车以陆地奔跑动物"走兽"的理念来设计高速列车，法国"TGV"的高速列车以水中游泳动物"鱼"的理念来设计高速列车等，而中国"CRH"高速列车，在学习日本、法国、德国等国家的设计理念的基础上，提出了自己的设计理念。

3.1 高铁列车的设计理念

"高铁跑得快，全靠车子质量好"。高速列车是运行速度最高的铁路列车，其最高运行速度可达或超过 200 km/h。而高速列车技术是一个国家高新技术发展水平的重要标志。根据空气动力学，随着高速列车运行速度的提升，气动效应成为影响高速列车的主要因素。高速列车的设计过程，是一种典型的针对复杂外形的多目标优化设计问题。一般来说，高速车头设计要经历从概念设计，到仿真分析、模型试验和线路实车试验，不断循环优化的过程。

高速列车的设计理念首先是从车子整体造型着手，充分体现速度优势的特征来构建。早期的高速列车如图 3.4。随着科技发展，利用仿生学原理，来设计高速列车。主要是仿照自然界奔跑速度快的动物，对动物的形体特征进行抽象化处理，就得到列车车头的主体设计要素。

·第3章 高铁的设计理念·

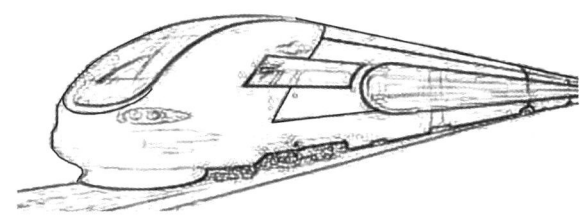

图 3.4　早期的高速列车

高速列车的设计，主要是在现有铁路列车的基础上，对牵引机车、轮轨、车厢外形等加以改进，而保留了传统列车的基本面貌，如图 3.5。改进后的高速列车优点在于速度高、燃料省、安全可靠、服务优良。因此，高速列车同普通列车相比，高速列车的性能大大提高，具体如表 3.1。

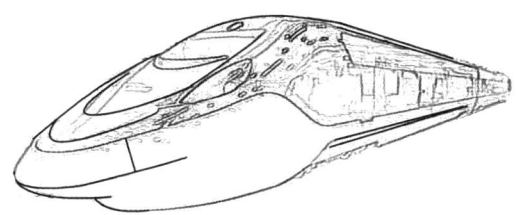

图 3.5　改进的高速列车

表 3.1　高速列车与普通列车的性能比较

列车类型		高速列车	普通列车	备　注
性能	外形	流线型，外表光滑、平齐	传统机车外形	减少空气阻力
	牵引	动力分散式	动力较集中	增加牵引力
	制动	双制动系统	一般制动系统	增加制动力

3.1.1　高铁车头的设计理念

漂亮不算什么，降低阻力才是硬道理。为了让高速列车尽可能快跑，

43

高速列车设计尽可能为流线型，车辆横断面越小越好、周身少凹凸、全力追求又细又长。如日本 0 系列车头部长度是 4.4 m，第二代 100 系成为 5.5 m，第三代 700 系成为 9.2 m，第四代 800 系成为 12 m。特别是速度最快的列车"隼"号属于最新型的 E5 型列车，以车鼻长 15 m 为特点，最高运行速度可达 320 km/h，领先日本其他列车；2017 年运行的"隼"号高速列车，列车鼻长为 22 m。如图 3.6。

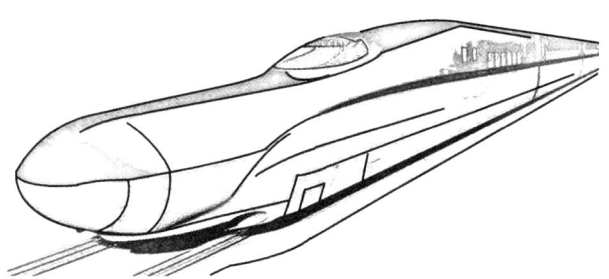

图 3.6　日本长鼻子的高速列车

3.1.1.1　高速列车的空气阻力及其相互关系

高速列车运行的阻力，主要包括车轮与轨道摩擦的机械阻力和车辆受到的空气阻力。高速列车在地表运行中，空气阻力是高速列车受到的主要阻力，远远大于摩擦阻力。列车速度越快，气动阻力越大。它们的关系是，随着速度的攀升，气动阻力成平方增长，如图 3.7。

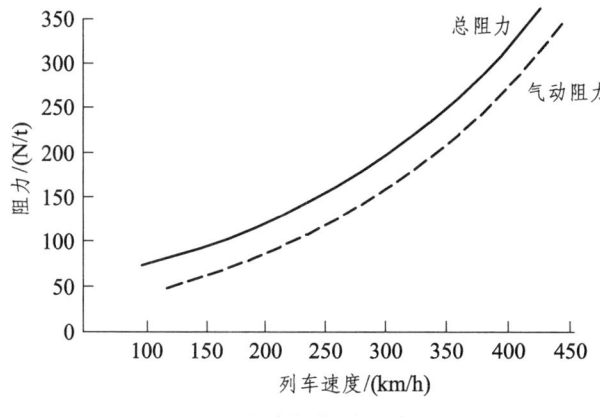

图 3.7　速度与气动阻力关系

第3章 高铁的设计理念

1. 空气阻力与高速列车的相互关系

列车在运行中受到多个力的作用,其中有空气阻力、上升力、横向力以及纵向摆动力矩、扭摆力矩和侧滚力矩等,而最主要的是空气阻力(图3.8)。特别是高速列车运行速度越快,受到空气阻力也越大,并成平方增加。下面介绍相关概念。

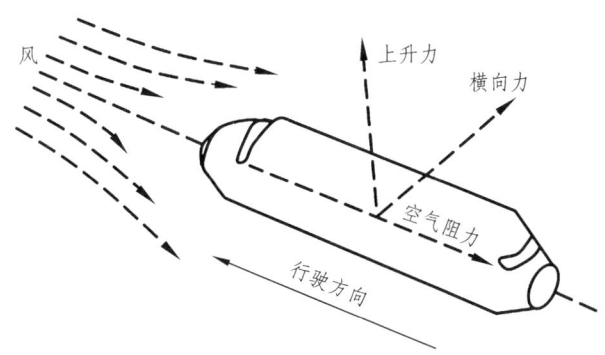

图3.8 列车空气动力学示意图

概念一:高速列车的抬升力(也叫上升力,如图3.8)。列车高速运行时,气流会给列车向上的抬升力,叫高速列车的抬升力。列车速度越快,高速列车的抬升力就越大。要尽量降低高速列车的抬升力,不让高速列车"飞"起来,以保障列车运行的稳定性。

概念二:高速列车的侧向力(也叫横向力,如图3.8)。列车高速运行时,气流会给列车有侧风带来的侧向力,叫高速列车的侧向力。高速列车的侧向力可能使车头摇摆,运行阻力增加。

概念三:高速列车的压力波。当列车与另一列车会车时,由于相对运动的列车车头对空气的挤压,会使列车侧壁上的空气压力产生很大的波动,叫高速列车的压力波。会车速度越快,高速列车压力波的强度越大。特别是列车通过隧道时,也会引起隧道内空气压力急剧波动。高速列车的压力波产生的冲击力,可造成门窗密封的破坏,也可能引起车里乘客身体不适(这就是为什么当列车会车或过隧道时,我们的耳部会有不适感的原因)。

概念四:高速列车的长细比。车头前端鼻形部位长度与车头后部车身断面半径之比，叫高速列车的长细比。车头前端鼻形部位（鼻子）越长，后部车身断面半径越小，车头的长细比就越大。而阻力系数与长细比直接有关（长细比越大，阻力系数越小）。高速列车的车头前端越长，长细比越大，列车受到的气动阻力就越小。

2. 空气阻力与列车速度的关系

高速列车在高速运行时最大的问题，不是它自己的重量，而是空气阻力。空气阻力和高速列车运行速度的关系近似正比于平方关系，高速列车速度提高2倍，空气阻力将增至4倍，即平方关系。如：

（1）当列车以速度100 km/h运行时，空气阻力约占列车总阻力的50%。

（2）当列车以速度200 km/h运行时，空气阻力约占列车总阻力的70%。

（3）当列车以速度250 km/h运行时，空气阻力约占列车总阻力的80%以上。

（4）当列车以速度300 km/h运行时，空气阻力约占列车总阻力的85%以上。

（5）当列车以速度350 km/h运行时，空气阻力约占列车总阻力的90%以上。

（6）当列车以速度400 km/h运行时，空气阻力约占列车总阻力的95%以上。

在高速状态下，高铁列车的牵引动力几乎都消耗在和空气的对抗上了（如高铁用电量，一般用于和空气对抗上）。因此，高铁头型设计必须要降低气动阻力，以节约能耗。在高速列车的设计中，为降低空气阻力，应用仿生学和空气动力学理论来设计高速车型。其简易图如图3.9。

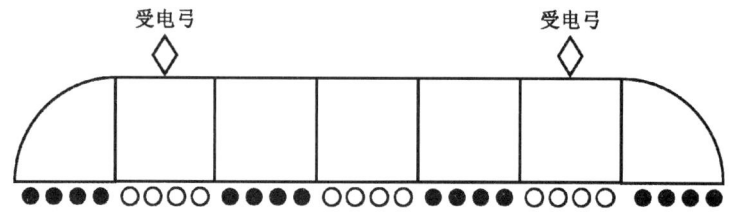

图 3.9　高速列车简易图

3. 空气阻力与列车车头的关系

高铁车头的设计问题，主要在于高速列车要面临空气动力学的问题。为了满足空气动力学性能要求，高铁车头在外形设计上形成了一些共同特征：前端鼻形部位呈椭圆形（图 3.10）。这种椭圆形设计减少了空气阻力。

（a）前端鼻形呈椭圆形

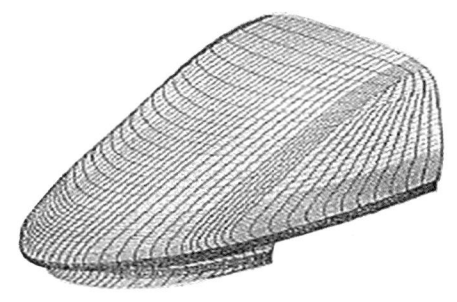

（b）导流槽

图 3.10　高铁车头与导流槽

关系一：稳定关系。基于导流槽的高铁车头设计，来保持高速列车运行的稳定性。为了降低气流给列车向上的抬升力，高铁车头通常在两侧设置有导流槽（图 3.10），通过鼻锥到导流槽的引流形式，引导气流产生向下的压力，让气动升力接近于零。高速列车的导流槽就像一双强有力的"手"，牢牢地"抓住"轨道，保障高速列车运行的稳定性。

关系二：阻合关系（即阻力和合力的关系）。基于流线型的高铁车头设计，来减小高速列车的空气阻力。高铁列车基本采用修长的流线型来设计。基于阻力系数和长细比的考虑，跟普通火车相比，高铁的车头更加细长，经常被设计成修长的流线型。这样随着高速列车头部长细比的增大，会车压力波也近线性地减小。

4. 案例分析

日本制造的下一代新干线试验列车，以现在的东北新干线 E5 系列为基础来进行改良，实现的最高速度为 360 km/h。试验列车将搭载更好的防震系统及减噪设备，当时预计试验列车于 2019 年完成。为了减少空气阻力，新试验车有两个型号：1 号高速列车和 10 号高速列车。如图 3.11。

（1）新试验车的车名：ALFA-X（Advanced-Labs-for-Frontline-Activity-in-rail-eXperimentation），表示用于铁路试验前沿行动的先进列车，型式为 E956，10 辆编组动车组。

（2）新试验车的车鼻子："前鼻"长达 22 m。单"前鼻子"部分车头比试验速度已破速度 600 km/h 的日本 L0 系高速磁浮列车的还要长。如图 3.12。

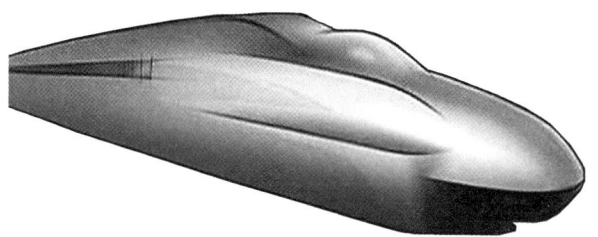

（a）1 号高速列车

（b）10 号高速列车

图 3.11 ALFA-X 仿真车头

第 3 章 高铁的设计理念

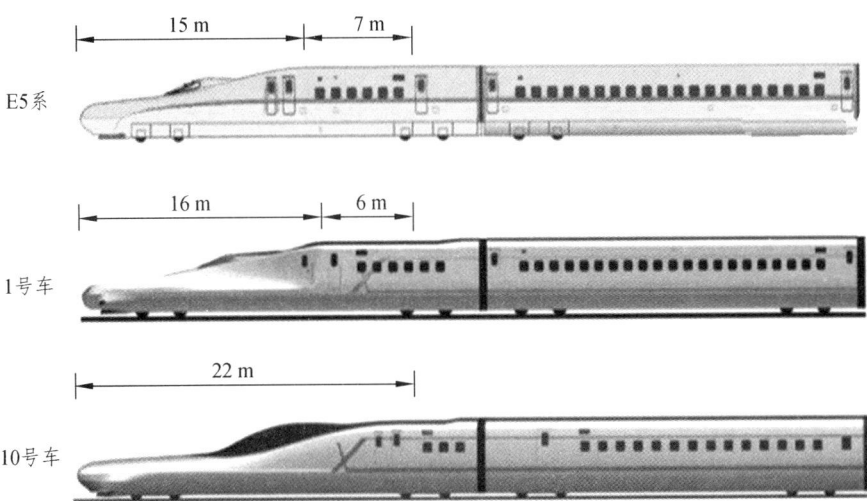

图 3.12 ALFA-X 实物车头长度的对比分析

ALFA-X 方案一：1 号高速列车。1 号高速列车的头车长度与 E5 系几乎相近，1 号高速列车的"前鼻"部位长达 16 m，在抑制进入隧道时的压力波的同时确保了车厢内的空间。如图 3.13。

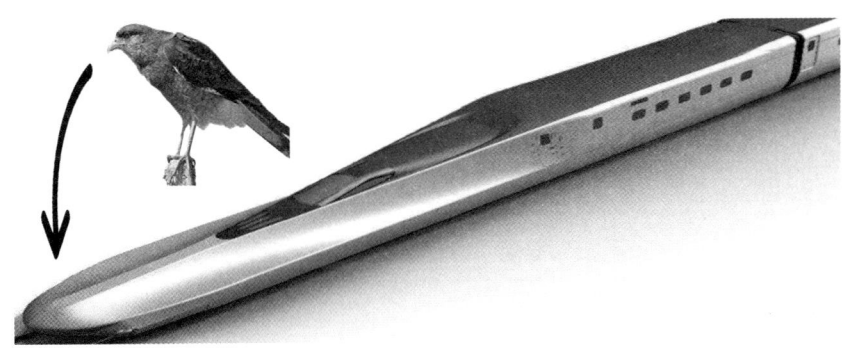

图 3.13 基于"鹰"的 ALFA-X 的 1 号高速列车

ALFA-X 方案二：10 号高速列车。10 号高速列车的"前鼻"部位长达 22 m。10 号高速列车的头车长度比 E5 系长 0.7 m，这样可以更好地抑制进入隧道时的压力波。如图 3.14。

49

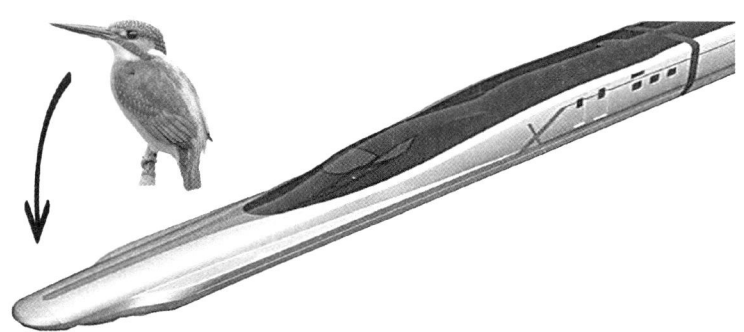

图 3.14　基于"翠鸟"的 ALFA-X 的 10 号高速列车

3.1.1.2　高铁车头的设计步骤

基于阻力系数和长细比的考虑,高速列车的车头应该设计成修长的流线型,这样才能提高高速列车运行速度,并建少能耗。因此,在高速列车的设计中,通过抽象、仿真、实验等手段,达到设计高铁车头的目的。"十年磨一剑",高速列车的设计到应用需要十年时间。高速列车的设计步骤,主要有五步:概念模型、数字模型、修正模型、仿真模型、实物模型。

步骤一:高速列车的概念模型。应用仿生学和空气动力学理论,依据生活中的动物原型,创作多种高速列车头型概念,构建高速列车的概念模型。如中国高速列车的概念设计中,通过对生活考察,选取 5 种具有速度优势的动物——海豚、鲨鱼、蛇、豹、鹰等来设计高速列车。如表 3.2。

表 3.2　高速列车的概念模型

序号	概念模型	动物名称	特　征	属性
1	基于"海豚"的设计方案	海豚	智慧、亲和	和
2	基于"鲨鱼"的设计方案	鲨鱼	专注、精确	专
3	基于"蛇"的设计方案	蛇	果断、凶猛	猛
4	基于"豹"的设计方案	豹	忍耐、冷静	快
5	基于"鹰"的设计方案	鹰	强悍、迅捷	强

方案一:高铁车头的"海豚(Dolphin)"模型。海豚是自然界的游泳高手,所以基于仿生学理论,利用海豚的外形来构建高速列车的概念模型,如图 3.15。海豚(学名:*Delphinidae*)具有齿鲸类典型的形态学性状:纺锤形的身体等。这样:一方面,海豚游速迅捷,通常最快速度为 40 km/h

左右，个别种类的海豚速度可以超过 55 km/h，并能维持很长时间，是海洋中的长距离游泳冠军；另一方面，海豚有着看起来友善的形态和爱嬉闹的性格，在人类文化中一向十分受欢迎。

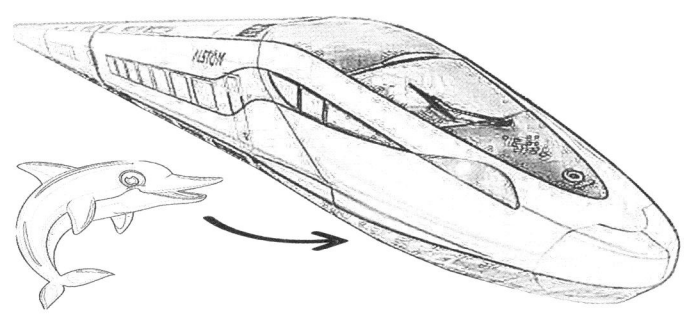

图 3.15 基于"海豚"的高速列车概念模型

方案二：高铁车头的"鲨鱼（shark）"模型。鲨鱼是大海中的捕猎高手，不但凶而且准，所以基于仿生学理论，利用鲨鱼的外形来构建高速列车概念模型，如图 3.16。鲨鱼，在古代叫作鲛、鲛鲨、沙鱼，是海洋中的庞然大物，所以号称"海中狼"。鲨鱼游泳时主要是靠身体，像蛇一样地运动并配合尾鳍像橹一样地摆动向前推进，身体的稳定和控制主要是运用多少有些垂直的背鳍和水平调度的胸鳍。

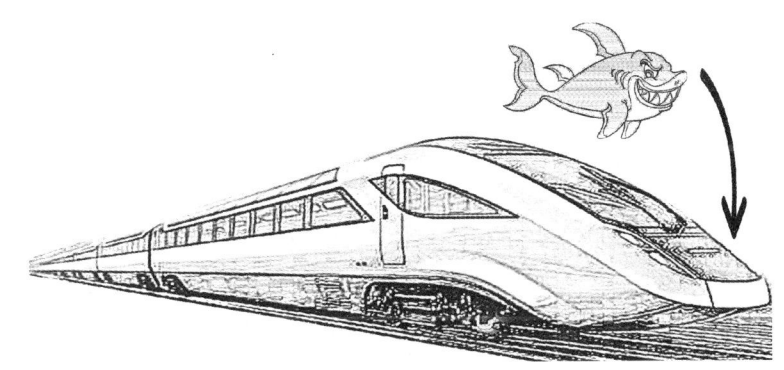

图 3.16 基于"鲨鱼"的高速列车概念模型

方案三：高铁车头的"蛇（snake）"模型。蛇是自然界中的爬行动物，身体具有独特性，所以基于仿生学理论，利用蛇的外形来构建高速列车概念模型，如图3.17。蛇是四肢退化的爬行动物，它的前行千姿百态，或直线前行，或蜿蜒曲折而前进，这是蛇的结构所决定的。蛇没有四肢，全身被鳞片遮盖，有保护肤体的作用，这是它的独特性。

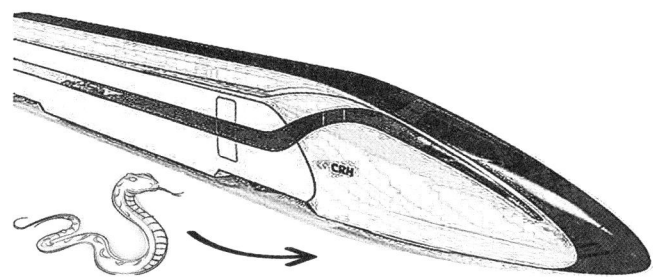

图3.17 基于"蛇"的高速列车概念模型

方案四：高铁车头的"鹰（eagle）"模型。鹰态雄伟，性情凶猛，动物学上称它是食肉的猛禽类，所以基于仿生学理论，利用鹰的外形来构建高速列车概念模型，如图3.18。鹰是隼形目鹰科中的一个类群，广义的鹰（hawk）泛指小型至中型的白昼活动的隼形类鸟。与其他肉食性鸟类相同，鹰有非常大而成钩形的喙，有强壮充满肌肉的腿和非常有力的爪。鹰还有极为锐利的眼睛，可以从很远的地方看见猎物。

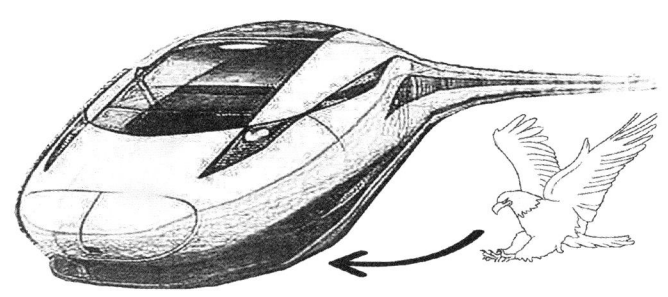

图3.18 基于"鹰"的高速列车概念模型

方案五：高铁车头的"豹（leopard）"模型。豹是自然界中的捕猎快手，身体敏捷，所以基于仿生学理论，利用豹的外形来构建高速列车概念模型，如图 3.19。豹（学名：*Panthera pardus*）在 4 种大型猫科动物（其余 3 种为狮、虎及美洲豹）中体型最小，全长 2 m 左右，奔跑速度可达 80 km/h。豹可以说是敏捷的猎手，身材矫健、动作灵活、奔跑速度快，性情机敏，嗅觉、听觉、视觉都很好，智力超常、隐蔽性强。豹的长长的尾巴在它奔跑时可以帮助它保持平衡。

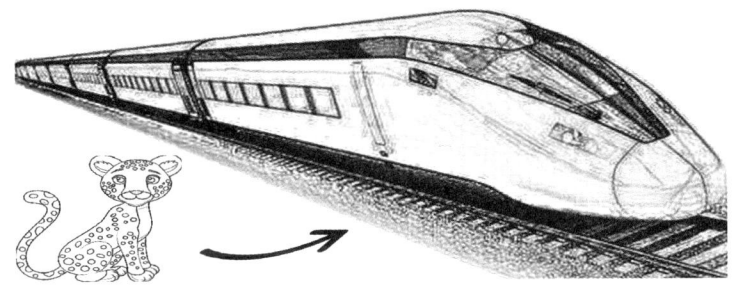

图 3.19　基于"豹"的高速列车概念模型

步骤二：高速列车的数字模型。有了高速列车的概念模型，就要进一步抽象化，构建高速列车头型的数字模型。空气阻力是影响高速列车运行的最主要因素，因此高速列车车头一般都采用流线型的车头形状，外表面光滑并使玻璃窗与外部齐平，以达最优的空气动力形式。通过对五种动物"海豚、鲨鱼、蛇、鹰、豹"的特性分析，抽取简化，得到相应的高速列车的数字模型，如图 3.20。

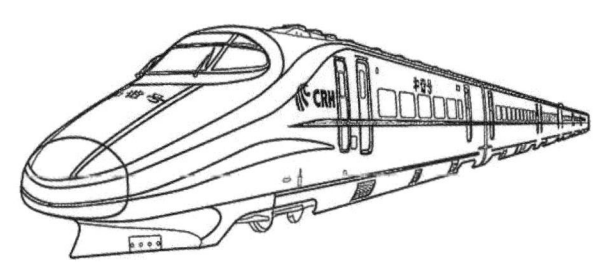

图 3.20　高速列车的数字模型

步骤三：高速列车的修正模型。根据高速列车的数字模型，利用空气动力学原理，要对高铁车头不断完善，构建修正模型。利用空气动力学原理，比选气动性能较优的高铁车头头型，进一步进行气动优化处理。修正模型主要考虑两方面：一方面是创意优化，即高铁车头造型的特征能够体现出设计的创意；另一方面是应用优化，从经济效益、节能环保等角度考虑，进行多次修正完善。如图 3.21。

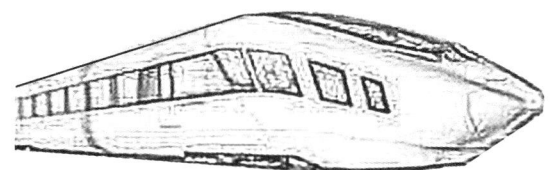

图 3.21　高速列车的修正模型

步骤四：高速列车的仿真模型。基于高速列车的修正模型，根据仿真数据和美观效果，最终制作几款高速列车车头头型（根据国内外研究成果，建议比例为 1∶8 头型），并对高速列车车头分别做风洞力学试验和气动噪声试验，选取最佳高速列车头型。如图 3.22。

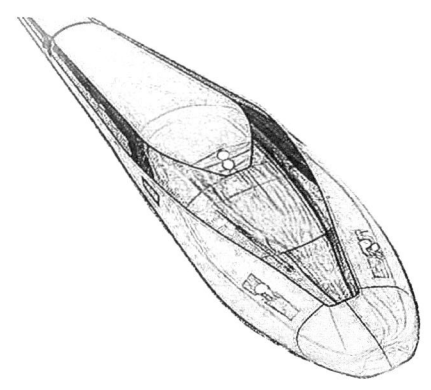

图 3.22　高速列车的仿真模型

步骤五：高速列车的实物模型。在仿真实验基础上，通过气动噪声、气动阻力参数等考虑，选取最优的高速列车头型。并在设计方案确定后，进入工程转化阶段，得到实体模型，如图 3.23。

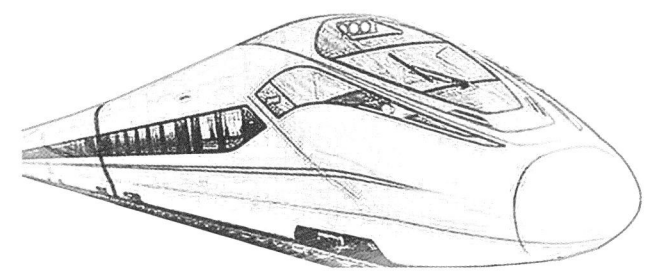

图 3.23　高速列车的实体模型

3.1.1.3　高铁车头的研发过程

高铁车头是辨认不同高铁车型的主要标志，也是国家科技实力的象征。每一列高铁动车，都有属于自己独特的头型。对于高铁动车来说，头型的设计非常重要，也是高铁列车的关键核心技术。所以，高铁车头要"双高"（"颜值"和"科技含量"要高）。所以，为了满足空气动力学性能要求，高铁车头在外形设计上形成了一些共同特征：有效地减小空气阻力，降低能耗，提高运行稳定性和乘坐舒适性。如图 3.24。

图 3.24　高铁车头（"复兴号"）

图 3.24 是中国第三代高速列车"复兴号"车型。第三代高速列车"复兴号"车体高度从 3.7 m 增高到了 4.05 m，车体断面面积增大了 7.3%，它的"身材"更高大了，提升车头气动性能的难度大大攀升。在车体高度和断面积大幅增加的情况下，高铁车头的气动阻力系数和升力系数都实现了降低。

1. 高铁头型的研发过程

"十年磨一剑"，高铁头型设计极富有挑战性。高铁车头设计要经历从概念设计，到仿真分析、模型试验和线路实车试验等过程，并要不断循环优化。高铁头型的研发过程比较复杂，主要步骤有：

步骤一　高铁车头的概念设计：从 20 到 10，再从 10 到 5 地筛选。首先，基于生活中的设计理念，设计 20 个造型各异的概念头型，并分别制作成了实物模型；其次，在综合分析技术性和工程可实施性基础上，从 20 个概念头型中选择 10 个头型；最后，对 10 个候选头型进行系统仿真分析，从 10 个候选头型中选出 5 个车头。

步骤二　高铁车头的风洞试验：从 1∶8 模拟，再从 5 到 2，2 到 1 地筛选。将这 5 个概念头型，全部制作成 1∶8 的高铁车头模型，去做高铁列车模型的气动力学和噪声风洞试验；然后优选出了 2 个高速列车头型；最后进行施工设计进行 2 选 1，选取一种最优方案制造成了高铁头型样车。

步骤三　高铁车头的线路试验：构建实验列车，进行线路实验。为了对新高铁头型进行实车验证，特别设计一列搭载新头型的试验列车，进行大量的线路试验。根据试验数据，再对高铁头型进行进一步的优化，最终高铁车头头型正式出炉。

2. 案例分析

中国高铁车头具有代表性车型：如"火箭""青铜剑""骏马""飞龙"等车型。它们分别是中车四方股份公司研制的 CRH380A、CRHAM、CRH2G 高寒抗风沙动车组/CRH2E 新型卧铺动车组、"复兴号" CR400AF 动车组等。这些高铁车头的诞生，见证了中国高铁不断创新的历程。

案例一　高速列车的设计方案："火箭"型高铁车头（CRH380A）。方案中的高铁头型取材于"火箭"，表示高铁速度快、力量大。如图 3.25 和图 3.26。

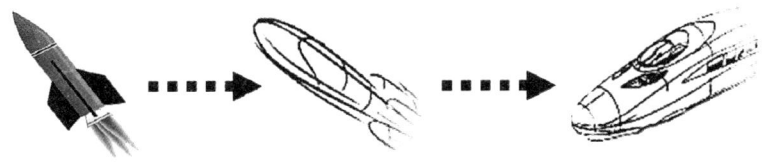

图 3.25　"火箭"造型的演变流程

· 第 3 章 高铁的设计理念 ·

图 3.26 基于"火箭"的 CRH380A

"火箭"型高铁车头形状：采用流线造型，水平断面型线为长椭圆型，纵断面型线为双拱形。

"火箭"型高铁车头特征：设计为旋转抛物体特征的楔形结构，降低气动阻力。

案例二 高速列车的设计方案："青铜剑"型高铁车头（CRH380AM）。高速度试验列车的头型，设计灵感来源于中国古代兵器"青铜剑"，表示高铁快速前行。高铁 CRH380AM 是高速综合检测动车组，前身为更高速度试验列车。如图 3.27 和图 3.28。

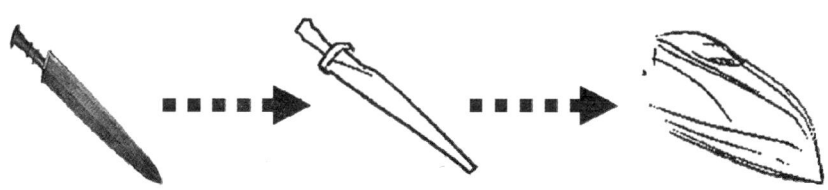

图 3.27 "青铜剑"造型的演变流程

图 3.28 基于"青铜剑"的 CRH380AM

57

"青铜剑"型高铁车头形状：车头外形犹如一把剑，利剑出鞘，既古典又有威武的气势。

"青铜剑"型高铁车头特征：车头以"剑"造型，突出尖楔形结构，降低了空气阻力。

案例三　高速列车的设计方案："骏马"型高铁车头（CRH2G 是高寒抗风沙动车组；CRH2E 是新型卧铺动车组）。高速列车外形设计上，运用仿生手法，以奔驰的"骏马"作为高铁造型来源，表示高铁的力量和速度。如图 3.29 和图 3.30。

图 3.29　"骏马"造型的演变流程

图 3.30　基于"骏马"的 CRH2G

"骏马"型高铁车头形状：高铁头型演变来自马头，提取了骏马的奔驰状态。

"骏马"型高铁车头特征：解决了大断面条件下列车的气动减阻和降噪、大侧风条件下列车运行的稳定性问题。

案例四　高速列车的设计方案："飞龙"型高铁车头（CR400AF 是"复兴号"动车组）。"复兴号"在头型设计中，融入了中国文化中"龙"的形象，表示高铁的中国特色。高铁车头的两条红飘带演变自龙的"髯"。整体造型十分飘逸，又气势如虹。如图 3.31 和图 3.32。

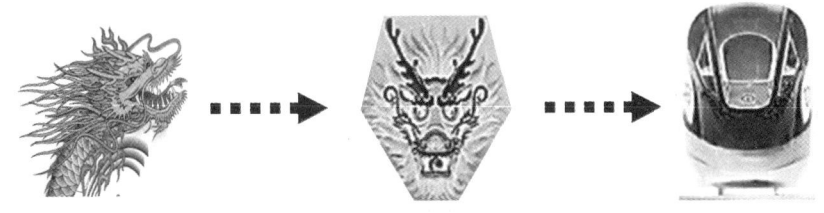

图 3.31 "飞龙"造型的演变流程

图 3.32 基于"飞龙"的 CR400AF

"飞龙"型高铁车头形状：采用修长的流线型来设计，高铁头型的形状叫"单拱椭圆"。

"飞龙"型高铁车头特征：高铁头型的水平断面型线为长椭圆形，纵断面型线由双拱形变为单拱形，有利于降低阻力；鼻锥部分设计为宽扁形，增加向下的引流作用，平衡升力系数。

3.1.1.4 高铁车头的改进理念

1964 年，日本制造了第一辆新干线高速列车，此列车的行驶速度可达 200 km/h。虽然速度得到大幅的提升，但是列车在隧道内高速行驶时，会产生巨大的噪声，极大地降低了乘客乘坐的舒适度。为了提高高速列车内部的舒适度，需要对高速列车的结构进行改进。

方案一 基于"翠鸟（Kingfisher）扑鱼"的高速列车改进理念：从源头减少噪声产生。从源头上减少高速列车的噪声产生，基于"翠鸟扑鱼"

现象对高速列车设计，进行有效改进研究。日本工程师中津英治发现翠鸟喙状的高速列车车头能有减噪功能，可以从源头上减少高速列车的噪声产生。高速列车穿过隧道时，会挤压车头前方的空气，造成墙壁与列车的互相冲击。而翠鸟在捕鱼时，它的喙就像刀子一般贯穿入水，几乎不激起任何涟漪。所以，基于"翠鸟扑鱼"现象对高速列车进行改进，减小了噪声，提高了高速列车的舒适度。

翠鸟属（学名：*Alcedo*）的鸟类，属中型水鸟，从远处看很像啄木鸟。因背和面部的羽毛翠蓝发亮，因而通称翠鸟。该属鸟类的特征是：嘴粗直，长而坚，嘴脊圆形；鼻沟不著；翼尖长；尾短圆；体羽艳丽而具光辉，常有蓝或绿色。翠鸟扎入水中后，还能保持极佳的视力，因为它的眼睛进入水中后，能迅速调整水中因为光线造成的视角反差。所以翠鸟捕鱼本领很强。日本工程师中津英治在翠鸟身上得到了灵感，经过多次实验，他发现目前为止像翠鸟喙形状的车头最好，不仅提升了速度、降低了噪声，还节省了燃料，如图3.33。

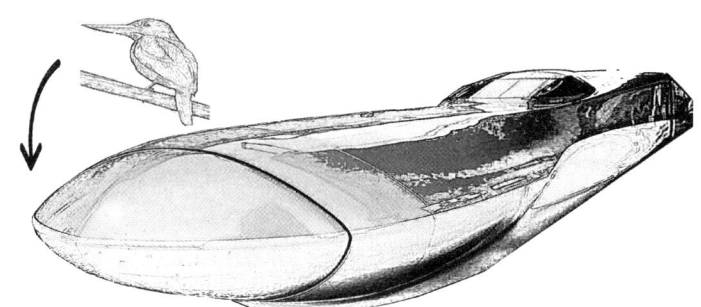

图3.33 基于"翠鸟"的高速列车设计模型

方案二 基于"猫头鹰（Owl）抓鼠"的高速列车改进理念：噪声产生后马上稀释掉。噪声产生后为了尽快消除，基于"猫头鹰抓鼠"现象，对高速列车设计进行改进研究。日本工程师发现猫头鹰绒毛状的电线连接装置可以降低噪声，原理是猫头鹰飞行产生的噪声能够被羽毛在短时间内有效稀释掉。工程师发现了猫头鹰无声飞行的秘密，它的"无声"是因为翅膀后面的羽毛按照不规则锯齿形排列，于是他们将高速列车与上方供电线连接的装置设计成这种锯齿状结构,大大降低了噪声,提高了高速列车的舒适性,如图3.34。

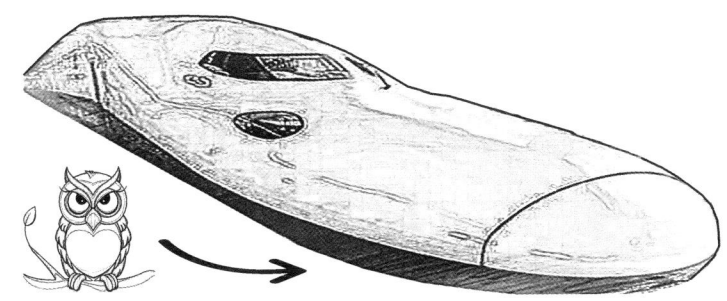

图3.34 基于"猫头鹰"的高速列车设计模型

猫头鹰又称鸮、枭,是夜行性鸟类。猫头鹰眼周的羽毛呈辐射状,细羽的排列形成脸盘,面形和眼睛像猫,因此得名为猫头鹰。猫头鹰的听觉非常灵敏,在伸手不见五指的黑暗环境中,听觉起主要的定位作用。猫头鹰在扑击猎物时,它的听觉仍起定位作用。它能根据猎物移动时产生的响动,不断调整扑击方向,最后出爪,一举奏效。猫头鹰在捕食中视觉和听觉的作用是相辅相成的,它正是在各方面适合夜行生活而成为一个高效的夜间捕猎能手。

方案三 基于"隼(Falcon)和沙滩鸟(Beach bird)扑食"的高速列车综合改进理念:从系统工程角度减少高速列车噪声。为了减少高速列车运行的噪声,基于"隼"和"沙滩鸟"的扑食现象对高速列车设计进行改进研究。日本工程师发现隼的嘴特别长,扑鱼时速度极快如闪电一样,空气阻力极小。于是将高速列车的车头设计成长鼻子形,大大降低了空气阻力,提高了运行速度。

隼是白天活动的猛禽,飞翔能力极强,也是视力最好的动物之一。很多隼形目的鸟类也被人们认为具有勇猛刚毅等优良品格,所以有不少国家的国鸟是隼形目的鸟类。沙滩鸟又叫鹬(yù),为水滨鸟类,嘴有长有短,形态各异,具有较强的迁移飞行能力,是世界各湿地的重要组成部分,具有很重要的生态学意义。速度最快的列车"隼"和"沙滩鸟"号属于最新型E5型列车,以车鼻长15 m为特点,最高运行速度可达320 km/h,如图3.35。

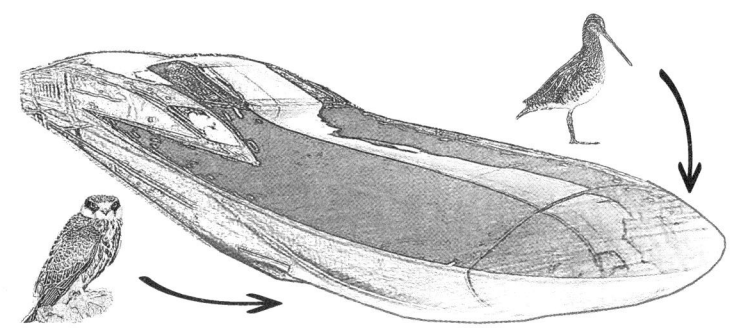

图 3.35　基于"隼"和"沙滩鸟"的高速列车设计模型

3.1.2　中国高速列车的设计理念

中国高速列车大多是新型的"CRH"动车组,"CRH"是中国高速铁路系统的品牌名称,即 China Railway High-speed。中国原铁道部将所有引进国外技术、联合设计生产的中国铁路高速(CRH)车辆均命名为"和谐号"。2017 年,中国将现有高铁进行性能整合,形成加强版的中国"复兴号"高速列车。目前,我国高速列车已经有了三代,车头设计主要基于水中游泳动物、陆地奔跑动物和空中飞行动物来设计,而我国第四代高速列车正在研究中。

3.1.2.1　第一代高速列车的设计理念

中国高速列车"CRH"动车组中,第一代包括 1 系、2 系、3 系、5 系等系列,其中 1 系属于南车与庞巴迪的合资公司,2 系属于南车四方公司,3 系属于北车唐山公司,5 系属于北车长客公司。第一代高速列车的设计理念有:胖头鱼、兔子、猎豹、毛驴、带鱼等。

(1)CRH1 的设计理念:高速列车的"胖头鱼(Variegated carp)"模型。"和谐号"CRH1 型电力动车组,基于水中动物"胖头鱼"的游泳理念,来设计高速列车。胖头鱼是淡水鱼的一种,体型侧扁,水中游泳速度极快。利用仿生学原理,借鉴胖头鱼的外形来设计高速列车造型,以减少空气阻力。所以,"和谐号"CRH1 高速列车基于"胖头鱼"理念来设计。CRH1 高速列车看上去很平淡,头部呈现方形,没有流线感、性能稳定,属于平和者。CRH1 内部设施简单、色调优雅。如图 3.36。

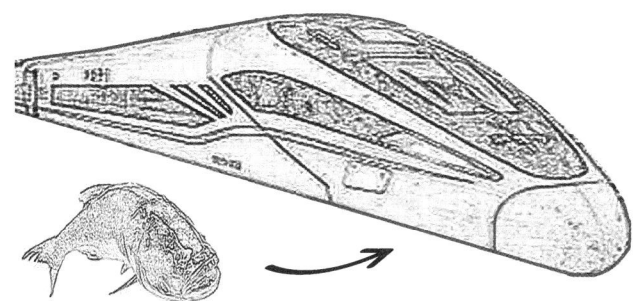

图 3.36　基于"胖头鱼"的 CRH1 系 E-A 高速列车

CRH1 主要有 CRH1A、CRH1B、CRH1E 几种车型。其中：CRH1A 是 8 节编组，运营速度 200 km/h；CRH1B 和 CRH1E 是 16 节编组，运营速度 250 km/h。CRH1A-A 是近几年的新车型。如图 3.37。

（a）CRH1A

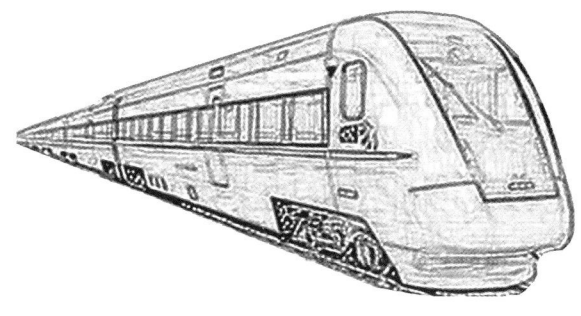

（b）CRH1B

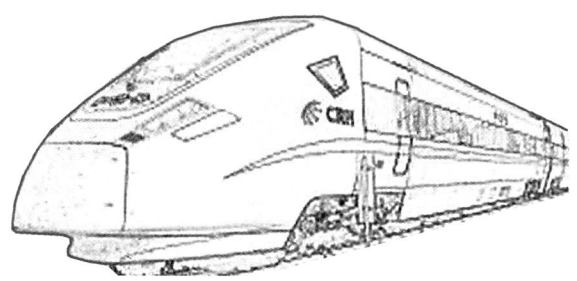

（c）CRH1E

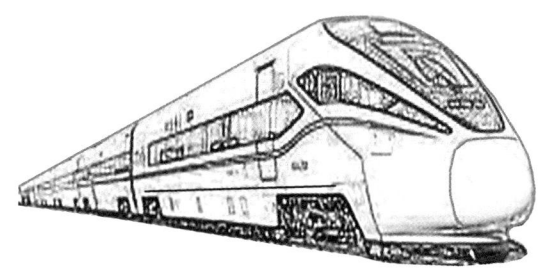

（d）CRH1A-A

图 3.37　CRH1 系高速列车

CRH1 型电力动车组，自 2007 年 2 月 1 日起，CRH1A 动车组正式开始在广深线投入载客试运行。列车采用交流传动及动力分布式，持续运行速度为 200 km/h，最大运营速度为 250 km/h。

（2）CRH2 的设计理念：高速列车的"兔子（Rabbit）"模型。"和谐号"CRH2 型电力动车组，基于陆地奔跑动物"兔子"的运动理念，设计高速列车。兔（rabbit）是哺乳类兔形目兔科下属所有属的总称，俗称兔子。兔具有管状长耳，簇状短尾，比前肢长得多的强健后腿（图 3.38）。所以，"和谐号"CRH2 基于"兔子"理念来设计。CRH2 像一只红眼睛的兔子，灵活和适应性强。

图 3.38 兔 子

"和谐号"CRH2 主要有 CRH2A、CRH2B、CRH2C、CRH2E 几种车型。其中：CRH2A、CRH2B、CRH2E 运营速度 200~250 km/h；CRH2C 运营速度 300~350 km/h。CRH2C 具有划时代意义，初期阶段速度 300 km/h，后期阶段速度 350 km/h；而 CRH2E 是 16 编组的卧铺动车组。如图 3.39。

"和谐号"CRH2 系列由中国南车四方股份公司生产，是第一代车型里面的主力，故障率一直很低。其中 CRH2A 为短编组，CRH2B 为长编组。CRH2C 有许多重大突破，这些技术突破都被后来的 CRH380A 吸收。

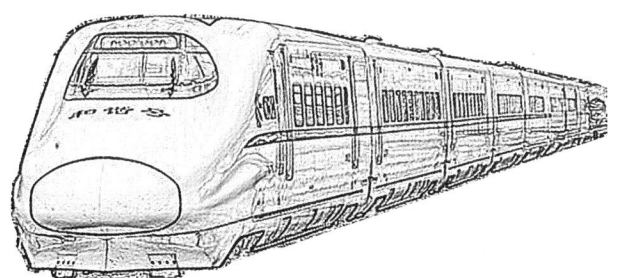

（a）CRH2A

（b）CRH2B

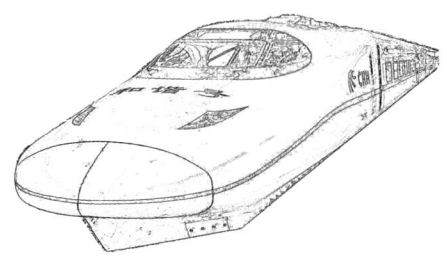

（c）CRH2C

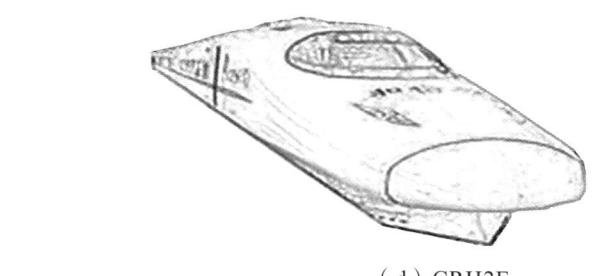

（d）CRH2E

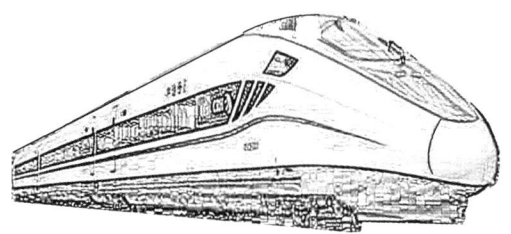

（e）新 CRH2E

图 3.39　CRH2 系高速列车

"和谐号" CRH2G（CRH2H）型电力动车组：CRH2G（原为 CRH2H，后 G/耐高寒、H/耐风沙及高寒两种子型号统一为 G），为速度 250 km/h 的耐高寒抗风沙动车组，是中国南车高速动车组技术平台系统产品之一，适合在高寒、风沙、高温、高海拔等恶劣环境条件下运行，能适应零下 40 ℃的低温和 45 ℃的高温，还能抵抗 10 级狂风。如图 3.40。

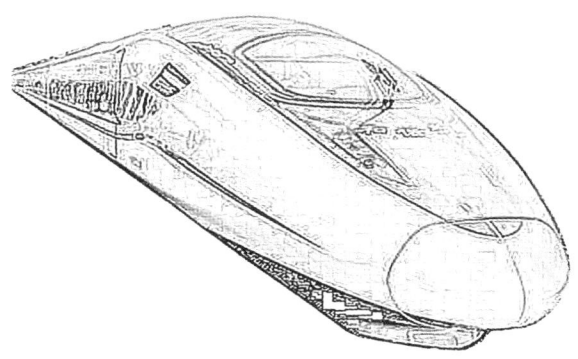

图 3.40　CRH2G 高速列车

（3）CRH3 的设计理念：高速列车的"猎豹（Cheetah）"模型。"和谐号"CRH3 型电力动车组，基于陆地奔跑动物"猎豹"的奔跑理念，设计高速列车。猎豹（*Acinonyx jubatus*）是猫科动物的一种（图 3.41）。猎豹腿长，身体瘦，脊椎骨十分柔软，容易弯曲，像一根大弹簧一样，跑起来的时候前肢和后肢都在用力，而且身体也在奔跑中一起一伏；在急转弯时，它的大尾巴可以起到平衡的作用，使它不至于摔倒。猎豹身体的特殊结构使得它奔跑速度极快。

图 3.41　猎　豹

"和谐号"CRH3 基于"猎豹"理念来设计。因此，"和谐号"CRH3 像只猎豹，呈流线型，美得让人发叹，轻盈、迅速、悄无声息地快来快去。CRH3 主要有 CRH3A 型和 CRH3C 型。CRH3C 型最高运营速度 350 km/h，起动加速到 330 km/h 只要 6 min。如图 3.42。

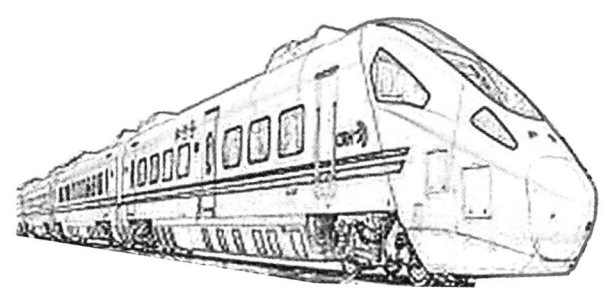

（a）CRH3A

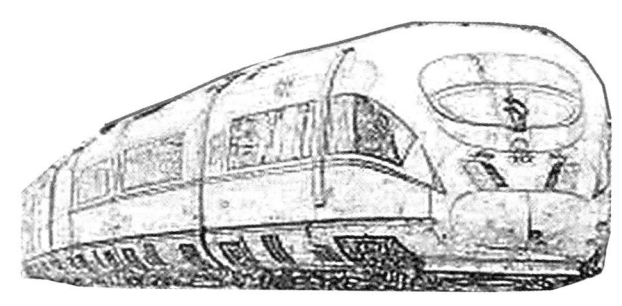

（b）新 CRH3C

图 3.42　CRH3 系高速列车

"和谐号"CRH3 列车的原型为德国铁路的 ICE3 列车（西门子 Velaro），中国以引进西门子公司先进技术并吸收的方式，由中国北车唐山轨道客车在国内生产实现国产化。这是中国引进的所有型号动车组里面平台最好的，也是国产化率最低的一款，后来 CRH380BL 在此车基础上升级改进。制造年份：2008 年；设计速度：350 km/h；编组形式：4M4T，可两列重联。

（4）CRH5 的设计理念：高速列车的"毛驴（donkey）"模型。"和谐号"CRH5 型电力动车组，基于陆地奔跑动物"毛驴"的奔跑理念，设计高速列车。驴的形象似马，体质健壮，抵抗能力很强，耐粗放，不易生病，并有性情温驯、刻苦耐劳、听从使役等优点（图 3.43）。所以，"和谐号"CRH5 基于"毛驴"理念来设计。

·第 3 章 高铁的设计理念·

图 3.43 毛 驴

"和谐号"CRH5 也称"寒地列车",与寒冷相伴而行,它的车头设有除雪设备,实现防雪保护,冰雪无法堆积。CRH5 包括车型 CRH5A、CRH5E、CRH5G 和 CRH5J。CRH5A 是"5 动 3 拖 8 编组"的结构,设计营运速度 250 km/h。CRH5 属于寒带运营,针对寒冷地区的运营环境设计。如图 3.44。

(a) CRH5A

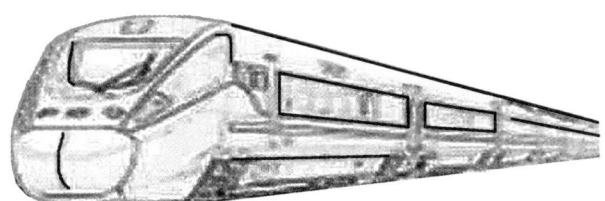

(b) CRH5E

69

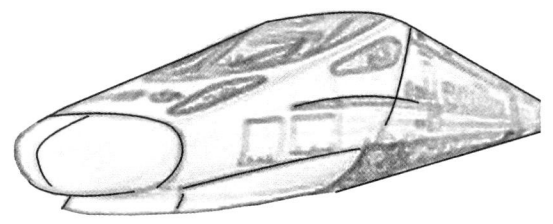

（c）CRH5G

图 3.44　CRH5 系高速列车

阿尔斯通将 7 项高速列车的关键技术转移给中国，由长春轨道客车在国内生产，这批高速列车随后正式定型为 CRH5A。除了 CRH5A 以外，"和谐号"CRH5 型电力动车组以"驴"为灵感，又设计了 E 和 G 的车型。

（5）CRH6 的设计理念：高速列车的"带鱼（Fish）"模型。"和谐号"CRH6 型电力动车组，基于水中动物"带鱼"的游泳理念，设计高速列车。带鱼又名鮣鱼，外形狭长，头尖，在水中游速较快，因此工程师将带鱼的形状作为高速列车头部的参照（图 3.45）。所以，"和谐号"CRH6 基于"带鱼"理念来设计。"和谐号"CRH6 型城际动车组是为满足我国区域经济快速发展和城市群崛起对城际轨道交通的需求而研制的一种新型运输工具。

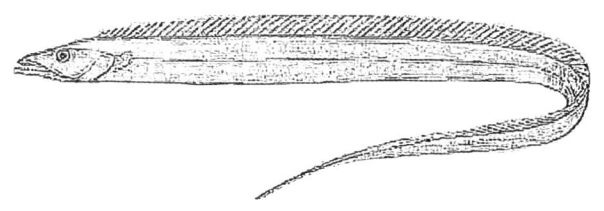

图 3.45　带　鱼

"和谐号"CRH6 作为高速铁路和城市轨道交通的纽带，具有运能大、起停速度快、乘降方便快速、疏通迅捷有效、乘坐舒适、安全可靠、节能环保的特点。如图 3.46。

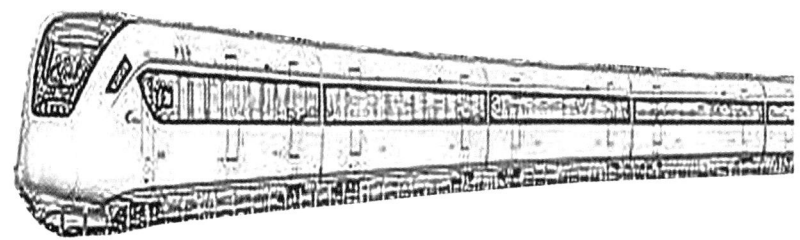

图 3.46　CRH6 系高速列车

"和谐号" CRH6 型电力动车组是由中国南车四方机车车辆股份有限公司研发设计，2012 年在青岛下线。根据运输距离、站点和乘客群的不同，CRH6 型动车组分为两大类型，运营速度分别为 200 km/h 和 160 km/h 两个等级。速度 200 km/h 的 CRH6A 型动车组最高运营速度 250 km/h、试验速度 270 km/h，以"大站停"的模式运营；而速度 160 km/h 的 CRH6F 型动车组最高运营速度 200 km/h、试验速度 220 km/h，以"站站停"模式运营。

3.1.2.2　第二代高速列车的设计理念

中国第二代高速列车作为新一代 CRH380 系列，主要包括 CRH380A、CRH380B、CRH380C、CRH380D 等。第二代高速列车的核心就是：最高运营速度 380 km/h。而 CRH380A（L）是中国南车四方股份公司生产的，CRH380BL 由长客、唐山共同生产，其中长客又研制了 380B 短编高寒车以及 CRH380CL；CRH380D 的技术完全在庞巴迪的控制之下。第二代高速列车的设计理念主要有：子弹、猎豹、鲨鱼、蜡蝉、箭、剑等。

（1）CRH380A：高速列车的"子弹（Bullet）"模型。"和谐号" CRH380A 型电力动车组，基于"子弹（也叫"子弹头"列车）"的运行理念，设计高速列车。子弹也可以说是集物理学、化学、材料学、空气动力学以及工艺于一身的文明产物（图 3.47）。但基于子弹的列车设计，是以子弹运行时空气阻力最小化来设计的。

图 3.47　子　弹

"和谐号"CRH380A 型电力动车组,或称 CRH2-380 型,是在 CRH2C (CRH2-300)型电力动车组基础上自主研发的 CRH 系列高速动车组,也是 "中国高速列车自主创新联合行动计划"的重点项目,最高运行速度 380 km/h,持续运行速度达到 350 km/h。曾在京沪高铁先导段试验中创造 486.1 km/h 的世界轮轨运行最高速纪录。制造年份:2010 年;设计速度:380 km/h。如图 3.48。

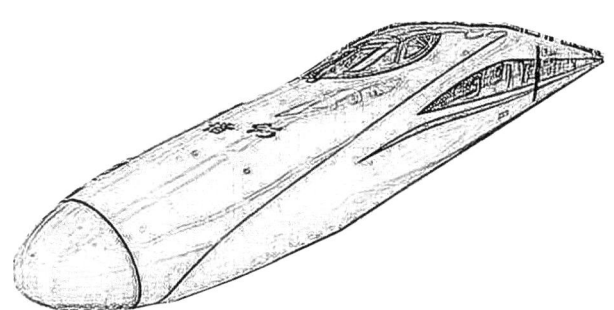

图 3.48　"和谐号"CRH380A(AL)型高速列车

"和谐号"CRH380A 动车组分为 8 编组和 16 编组两种车型,8 编组车 CRH380A,16 编组车 CRH380AL。

(2)CRH380B:高速列车的"猎豹"模型。"和谐号"CRH380B(BL)型电力动车组,基于陆地奔跑动物"猎豹"的奔跑理念,设计高速列车。

"和谐号"CRH380B(BL)型电力动车组(或称 CRH3-380 型),是在 CRH3C 型电力动车组基础上自主研发的 CRH 系列高速动车组。2011 年,唐山厂制造的国产新一代速度 380 km/h 的"和谐号"CRH380B 动车组,在京沪高速铁路徐州至蚌埠先导段的运行试验中,创出当时 487.3 km/h 的中国铁路第一速度纪录，再次刷新世界运行铁路的最高试验速度纪录。如图 3.49。

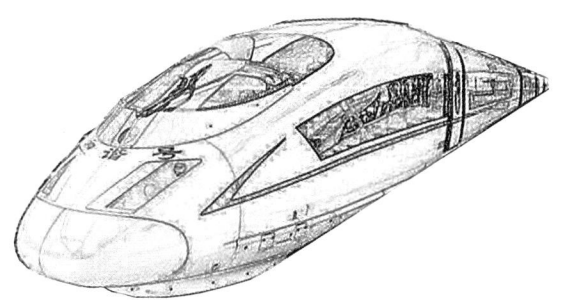

图 3.49 "和谐号"CRH380B（BL）型高速列车

（3）CRH380C：高速列车的"鲨鱼（Shark）"模型。"和谐号"CRH380CL 型电力动车组，基于水中游泳动物"鲨鱼"的游泳理念，设计高速列车。

"和谐号"CRH380C 型电力动车组，是由中国北车集团长春轨道客车股份有限公司在 CRH3C、CRH380BL 型电力动车组基础上，自主研发的 CRH380B 高寒动车组后又一款高寒动车组，也是国内首款 16 辆大编组高寒动车。最高运行速度由 350 km/h 提高到 380 km/h，最高试验速度超过 400 km/h。如图 3.50。

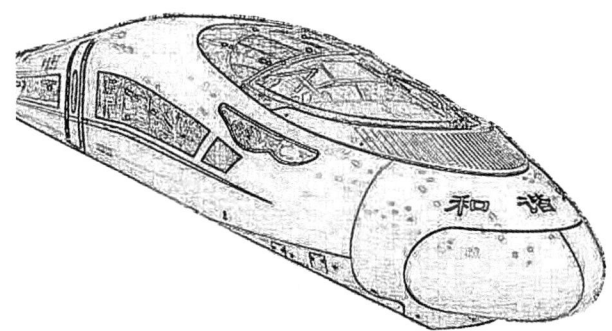

图 3.50 "和谐号"CRH380CL 型高速列车

（4）CRH380D：高速列车的"蜡蝉"模型。"和谐号"CRH380D 型电力动车组，基于陆地动物"长鼻子蜡蝉"（*Fulfora candelaria*）的运动理念，设计高速列车。长鼻子蜡蝉又叫龙眼鸡，昆虫名（图 3.51）。长鼻子蜡蝉

73

是东方蜡蝉属的模式种,一如其他同属物种,龙长鼻子蜡蝉以吸食树液为生,本种主要吸食龙眼以及荔枝的树液,而方法是以其细长的啄刺破树皮吸食流出的树液。

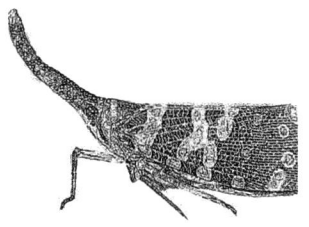

图 3.51 长鼻子蜡蝉

CRH380D(CRH1-380)电力动车组是基于庞巴迪 ZEFIRO 平台研发的 CRH 系列高速动车组。设计标称运行速度为 380 km/h。2013 年 4 月,在宁杭甬高铁的试验中,跑出最高速度 420 km/h。如图 3.52。

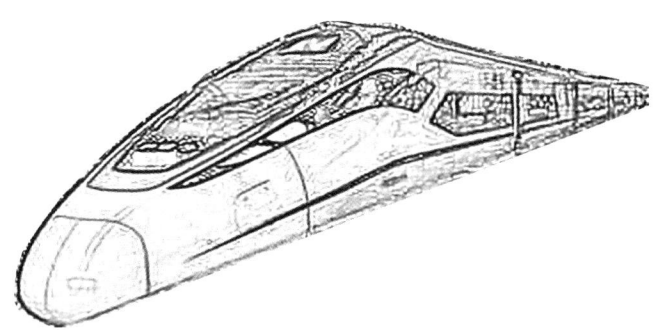

图 3.52 "和谐号"CRH380D 型高速列车

(5)CRH380AM:高速列车的"剑(Sword)"和"箭(Arrow)"模型。CRH380AM 型高速综合检测动车组,基于"剑""箭"的设计理念,设计高速列车(图 3.53、图 3.54)。剑是一种兵器,两边都开了刃,有着笔直的剑身和尖锐的剑尖。箭,又名矢,是一种借助于弓、弩,靠机械力发射的具有锋刃的远射兵器。无论是"剑"还是"箭",在使用中速度快,空气阻力小,所以基于"剑"和"箭"的理念,设计高速列车。

图 3.53 剑　　　　　　　图 3.54 箭

CRH380AM 是国内设计的速度最高的高速试验列车，该车曾经在试验台上跑出速度 605 km/h，设计灵感一端源于"火箭"，另一端源于"剑"和"箭"，实现了头车降低阻力、尾车升力接近于零的最优技术匹配。如图 3.55。

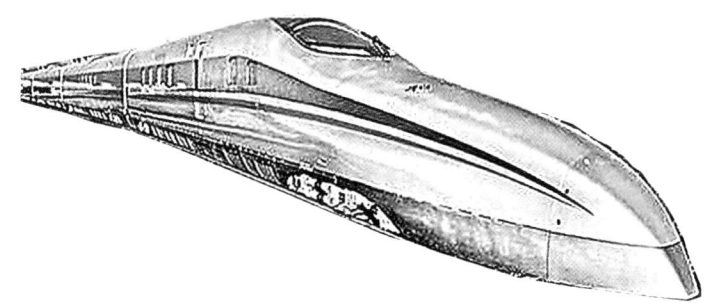

图 3.55　CRH380AM 高速列车

制造年份：2011 年；设计试验速度：500 km/h；编组形式：6 辆编组，全部为动力车，没有拖车，动力十足。

（6）CRH400A 高速综合检测车。CRH400A 高速综合检测车安装了最新技术的专用检测设备，同时，还设置了列车专用网络、定位同步、环境视频信息采集处理、多媒体显示和数据综合处理等系统，实现信息的精确采集与综合分析处理。目前，国外尚无此速度等级的综合检测车。该综合检测车的研制成功，不仅进一步保障了高速列车运营的安全性、平稳性、舒适性，同时还可进一步提高高速铁路基础设施检测效率，为高速铁路各系统的养护维修提供重要依据。如图 3.56。

制造年份：2011 年；设计试验速度：400 km/h；编组形式：8 节编组动车。

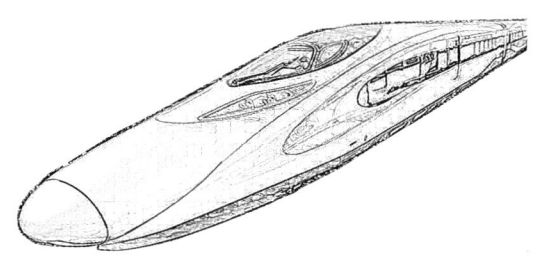

图 3.56　CRH400A 高速综合检测车

3.1.2.3　第三代高速列车的设计理念

中国第三代动车组新命名规则是 2016 年 11 月底由铁总党组会议确定的，未来的中国动车组都会采用类似命名，包括 CR200、CR300、CR400 等三个子系列，分别对应 100~200 km/h、200~300 km/h、300~400 km/h 的速度等级。中国第三代高速列车主要有 CR400AF 和 CR400BF 两个系列，而且第三代高速列车的命名也有了变化。中国第三代高速列车的中文名是"复兴号"，而新的命名方式摒弃了"CRHXXX"的名称而简化为"CRXXX"。见表 3.3。

① 400 代表目标速度值。目标速度值的梯度比较宽泛，比如 400 代表速度 300~400 km/h，300 和 200 以此类推。

② "F"代表动力分散式。动力集中/分散这种动力配置区别是列车的重大属性区别，而非子型号区别（子型号应该是长编组 L、高寒 G 这样的差别）。

表 3.3　第三代动车组新命名规则

名称	子系列	速度等级/（km/h）	备 注	
复兴号	CR200	100~200	CR（China Railway），表示中国铁路	
	CR300	200~300		
	CR400	300~400	CR400AF	A 表示北方，即北车
			CR400BF	B 表示南方，即南车

（1）CR400AF 的设计理念：高速列车的"海豚（Dolphin）"模型。中

国第三代高速列车CR400AF("蓝海豚"动车组),基于水中动物"海豚"的游泳理念,设计高速列车。海豚(*Delphinidae*)具有齿鲸类典型的形态学性状。海豚游速迅捷,通常最快速度为40 km/h左右,个别种类的海豚的速度可以超过55 km/h,并能维持很长时间,是海洋中的长距离游泳冠军(图3.57)。因此,基于"海豚"的水中游泳理念,来设计高速列车。

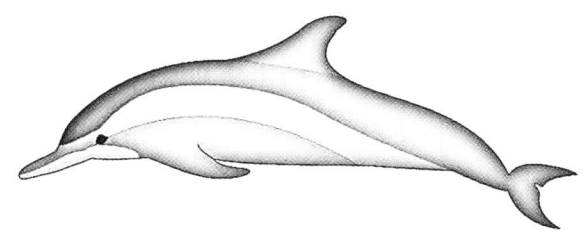

图 3.57　海　豚

中国高铁CR400AF是由中车青岛四方机车车辆股份有限公司(简称四方)研制的动车组。2017年1月3日,中国动车组采用全新命名,四方生产的"蓝海豚"动车组被命名为CR400AF。如图3.58。

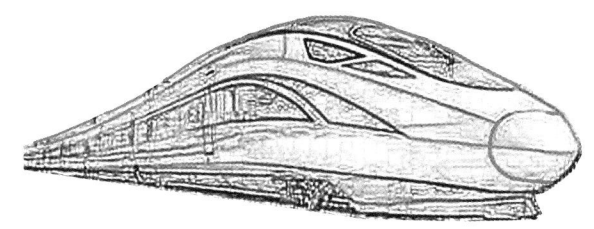

图 3.58　CR400AF 高速列车

(2)CR400BF的设计理念:高速列车的"凤凰(Phoenix)"模型。中国第三代高速列车CR400BF("金凤凰"动车组),基于空中飞行动物"凤凰"的设计理念,构建高速列车。凤凰,亦作"凤皇",古代传说中的百鸟之王(图3.59)。雄的叫"凤",雌的叫"凰",总称为凤凰,亦称为丹鸟、火鸟、威凤等,常用来象征祥瑞。凤凰齐飞,是吉祥和谐的象征,自古就是中国文化的重要元素。因此，基于"凤凰"的飞行理念，来设计高速列车。

图 3.59　凤凰造型图

中国高铁 CR400BF 是由中车长春轨道客车股份公司（简称长客）研制的动车组。2017 年 1 月 3 日，中国动车组采用全新命名，长客生产的"金凤凰"动车组被命名为 CR400BF。如图 3.60。

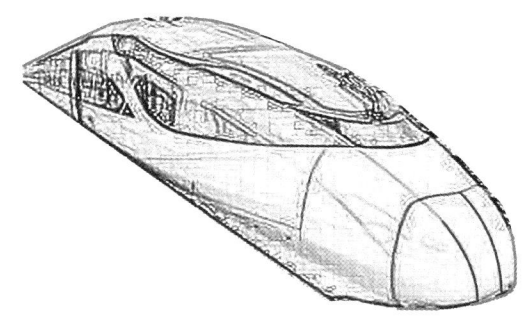

图 3.60　CR400BF 高速列车

3.1.3　日本高速列车的设计理念

日本高速列车的设计参照多种动物，特别是空中飞行动物，如"隼""翠鸟"等，所以日本高速列车不但质量好而且也跑得快。特别是日本新干线列车，皆采动力分散驱动方式，可防止高速行驶时的蛇行运动，减轻路线的维护保养费用，行车时的摇晃极小，为世界上运转品质最佳的高速列车。日本高速列车主要采用空中飞行动物"鸟"来设计。

（1）0 系高速列车：高速列车的"希望号"模型。日本 0 系的高速列车，1964年在新干线运行。日本0系列车是新干线诸多车型的首创，运行速度为220 km/h，并曾在高速测试中创下256 km/h的纪录。2008年12月14日，0系列车正式退役。如图3.61。

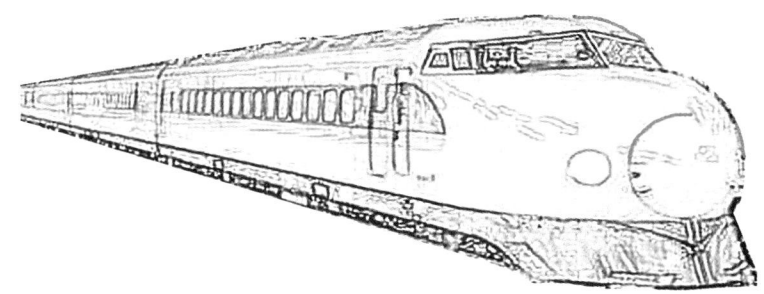

图3.61 "新干线"0系高速列车

（2）100系高速列车：高速列车的"光号"模型。日本100系的高速列车，1985年投入服务，行走东海道、山阳新干线，设计最高速度为275 km/h，运行速度为230 km/h。日本100系是首款拥有双层车厢的新干线列车，但于2003年全数退出东海道新干线的载客服务。如图3.62。

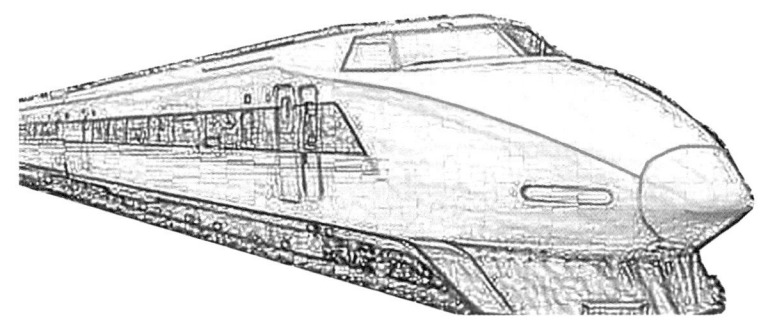

图3.62 "新干线"100系高速列车

（3）200系高速列车：高速列车的"回声号"模型。日本200系的高速列车，1982年东北新干线及上越新干线通车时开始使用。2004年时，一列200系列车由于新潟县中越地震而出轨，但并没有造成人员伤亡。日本200系高速列车的标准运行速度为240 km/h，但依照编组的不同，E编成仅有210 km/h的运行速度，但F编成却有270 km/h。如图3.63。

图 3.63 "新干线" 200 系高速列车

（4）300 系高速列车：高速列车的"小玉号"模型。日本 300 系是首款使用交流牵引电动机的载客新干线列车，也是首款采用车顶的总线作为把动力传送至整组列车的新干线车款。"NOZOMI"作为一种试验列车，1990 年创造了 303 km/h 的纪录，1991 年 3 月 1 日凌晨创造了 325.7 km/h 纪录，但目前已经退出第一线。如图 3.64。

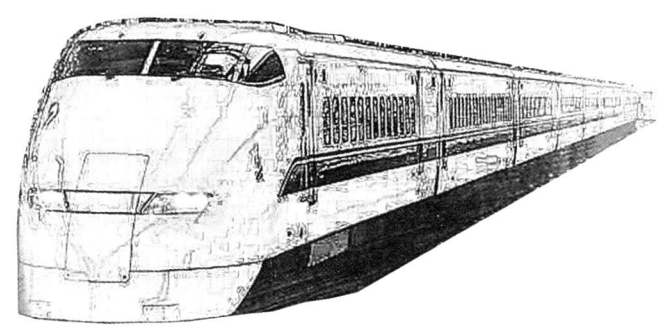

图 3.64 "新干线" 300 系高速列车

（5）400 系高速列车：高速列车的"疾风号"模型。日本 400 系的高速列车，是行驶于山形新干线的迷你列车，这种迷你新干线每节只有 20 m 长，为了适应日本的常规铁路（窄轨），它的车身比其他的车要窄。设计最高速度为 345 km/h，东京至福岛新干线路段运行最高速度为 240 km/h。2010 年 4 月 18 日彻底退役。如图 3.65。

图 3.65 "新干线"400 系高速列车

（6）500 系高速列车：高速列车的"山神号"模型。日本 500 系的高速列车，是 1997 年世界上运行速度最快的高速铁路列车，最高运行速度达 300 km/h，并曾在测试中达到 320 km/h 的速度。日本 500 系于 2008 年对列车进行改造，分拆成 8 节车厢形式的列车（V 编成），2008 年 12 月 1 日起取代退役的 0 系运行。如图 3.66。

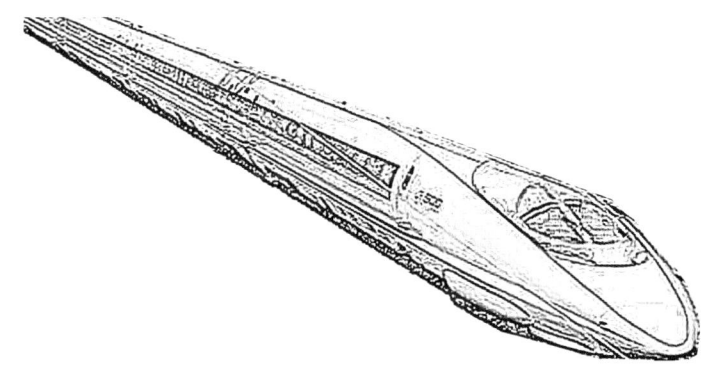

图 3.66 "新干线"500 系高速列车

（7）600 系（也叫 E1）高速列车：高速列车的"那须野号"模型。日本 600 系的高速列车，原本在开发阶段预计命名为新干线 600 系的东日本旅客铁道新型列车，在实际量产后改用新的命名规则，以代表"East"字首的英文字母"E"作为之后所有新车型的名称，而改名为 E1。E1 型新干线是日本 Max 新干线（Max 是指 Multi amenity express，强调的是娱乐和舒适性）中的一种，最高速度为 240 km/h。在 1994 年 7 月，E1 Max 进入运营状态。如图 3.67。

81

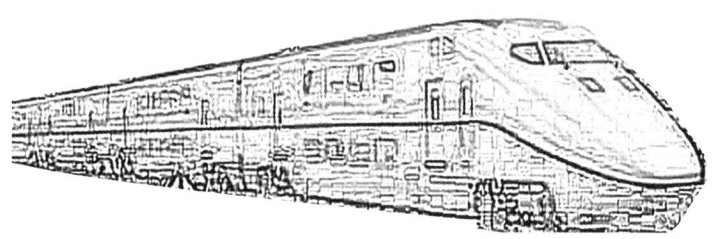

图 3.67 "新干线"600 系新涂装 E1 高速列车

（8）700 系高速列车：高速列车的"鸭嘴兽"模型。日本 700 系的高速列车，于 1999 年投入运营，速度虽只有 285 km/h，但平均运行速度较 500 系高，且其内部要宽敞舒适，前方车头长 9 m，因造型独特被称为"鸭嘴兽（Platypus）"（图 3.68），是一款"豪华"车。另外，西日本旅客铁道使用 700 系推出不一样的新车型，命名为"铁道之星"（ひかりレールスター，Hikari Railstar），在编组车辆数、车辆涂装、车内座椅数与配备上，都与原有的 700 系不同。如图 3.69。

图 3.68　鸭嘴兽

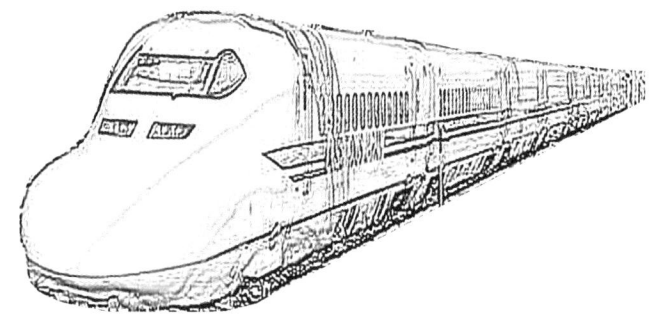

图 3.69　"新干线"700 系高速列车

（9）N700系高速列车：高速列车的"浅间号"模型。日本N700系的高速列车，是由700系改良而来的新型列车，首度导入摆式列车技术的第五代新干线车辆。N700系列车已于2007年7月1日正式投入使用，最高运行速度也达到300 km/h。日本N700系S1编成：由JR西日本与JR九州联合购置的新型车辆，于2011年3月18日正式开通，与原有N700系外观上最大的不同为采用青瓷色涂装，而不是传统的乳白色+蓝条涂装。如图3.70。

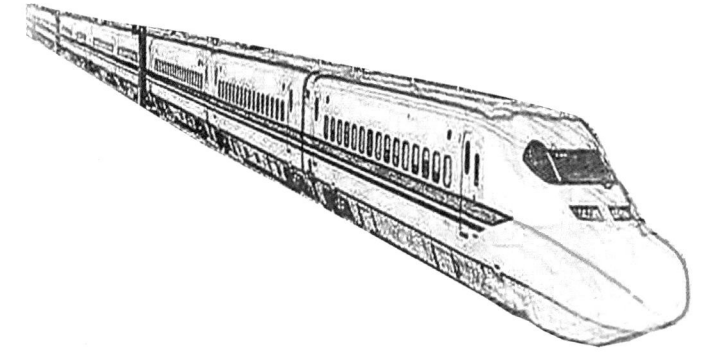

图3.70 "新干线"N700系高速列车

（10）800系高速列车：高速列车的"燕子号"模型。日本800系的高速列车，由九州旅客铁道开发，行驶于九州新干线路段。虽然速度只有260 km/h，但因日本800系是配合九州地区多山特性所设计的摆式列车，因此反而拥有新干线里最高的过弯车速。九州新干线全线开通后，服务于每站必停的慢车班次。如图3.71。

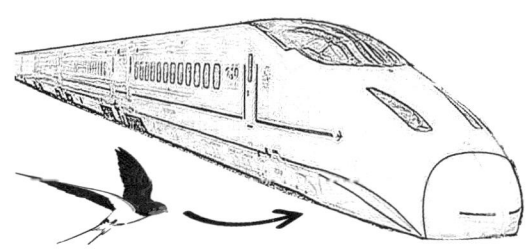

图3.71 "新干线"800系高速列车

（11）E2系高速列车：高速列车的"小町号"模型。日本E2系的高速列车，行驶于东北新干线及长野新干线，运行速度为275 km/h。因北陆新干线轻井泽以西路段采用与东北新干线的50 Hz交流电不同的供电制式（25 kV，60 Hz），故日本E2为新干线系列里唯一的双电源制式车辆。如图3.72。

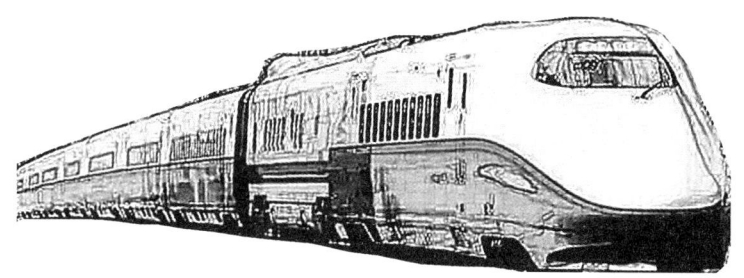

图3.72 "新干线"E2系高速列车

（12）E3系高速列车：高速列车的"系翼号"模型。日本E3系的高速列车，行驶于山形、秋田新干线的列车，东京至盛冈/福岛区间275 km/h，盛冈至秋田、福岛至新庄区间130 km/h。如图3.73。

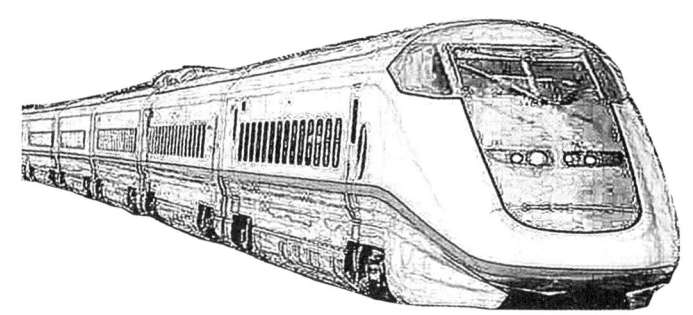

图3.73 "新干线"E3系高速列车

（13）E4系高速列车：高速列车的"朱鹮号/谷川号"模型。日本E4系的高速列车，是世界载客量最大的双层高速铁路列车，达1 634人，行驶于东北、上越、长野新干线上，最高运行速度240 km/h，被称为Max朱鹮号和谷川号（Maxとき、たにがわ）。如图3.74、图3.75。

图 3.74　朱　鹮

图 3.75　"新干线" E4 系高速列车

（14）E5 系高速列车：高速列车的"隼号"模型。日本 E5 系的高速列车，于 2011 年 3 月 9 日正式投入东北新干线使用的最新型新干线，执行东京—新青森间班次，为 FASTECH 360S 的简化量产版，被称为はやぶさ/Hayabusa（隼号）。运行速度为宇都宫以南 275 km/h、宇都宫—盛冈间 320 km/h、盛冈以北 260 km/h。如图 3.76、图 3.77。

图 3.76　隼

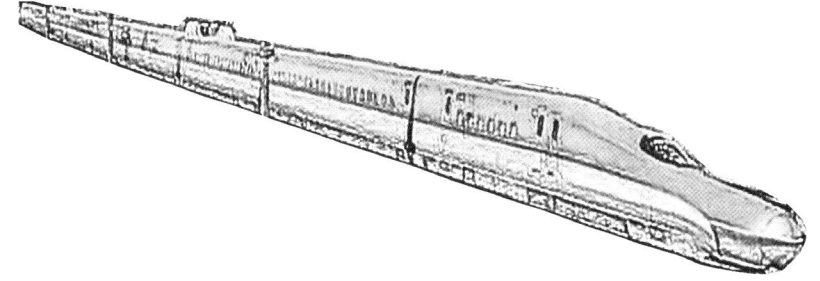

图 3.77 "新干线"E5 系高速列车

（15）E6 系高速列车：高速列车的"迷你号"模型。日本 E6 系的高速列车，是一款东日本旅客铁道所使用的 7 辆编组直行特急用新干线车辆。它于 2012 年年末继承 E3 系行驶于秋田新干线及东北新干线的东京至盛冈之间，最高运行速度为 320 km/h。如图 3.78。

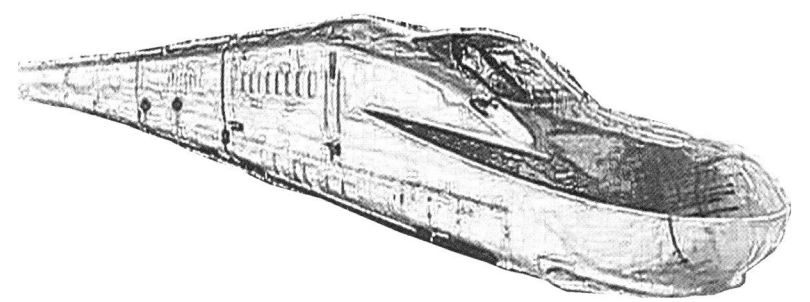

图 3.78 "新干线"E6 系高速列车

（16）E7 系（W7 系）高速列车：高速列车的"疾风号"模型。日本 E7 系的高速列车，是 JR 东日本与 JR 西日本共同拥有的新干线列车。JR 东日本为 E7 系，JR 西日本为 W7 系，设计速度为 275 km/h，运营速度为 260 km/h，2014 年 3 月 15 日开始在长野新干线上运行。2015 年 3 月 15 日，日本 W7 系开始于北陆新干线上运行，执行北陆新干线延长段（长野—金泽段）的运行。如图 3.79。

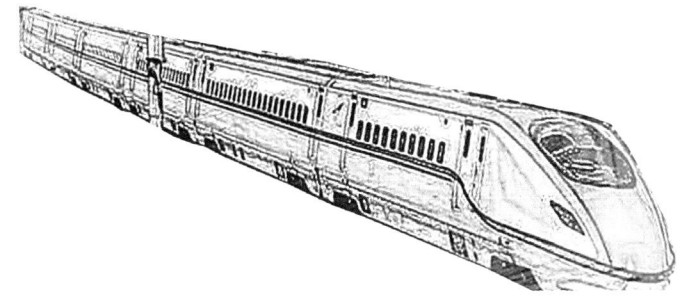

图 3.79 "新干线"E7 系(W7 系)高速列车

（17）H5 系高速列车：高速列车的"隼号"模型。日本 H5 系的高速列车，是基于现有的 E5 系打造，运行速度为 320 km/h，于 2016 年在北海道新干线上运行的新型列车。JR 东日本与 JR 北海道共同使用的新干线列车，为 FASTECH 360S 的简化量产版。JR 东日本为 E5，JR 北海道为 H5。2011 年 3 月 9 日开始以隼号（はやぶさ/Hayabusa）为名义在东北新干线上运营，运行区间为东京—新青森。2016 年 3 月 26 日，日本 H5 系在新开通的北海道新干线上运行。如图 3.80。

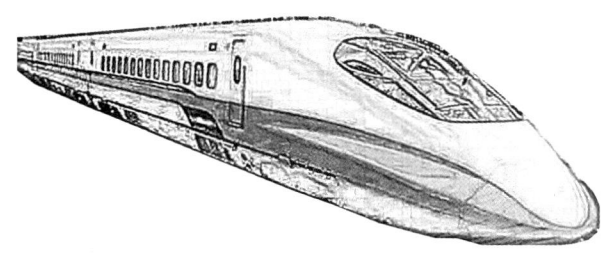

图 3.80 "新干线"H5 系高速列车

（18）L0 系高速列车：高速列车的"希望号"模型。日本 L0 系的高速列车，前身为 MLX-01 型试验车，为磁悬浮新干线，最高设计速度可达 590 km/h，为 5 节编组。2015 年 4 月 22 日，日本 L0 系高速列车在山梨实验轨道上创造了 603 km/h（载人运行）的新世界纪录。远景计划 2027 年在中央新干线东京品川站至名古屋站之间的路段上以 550 km/h 的速度运营。如图 3.81。

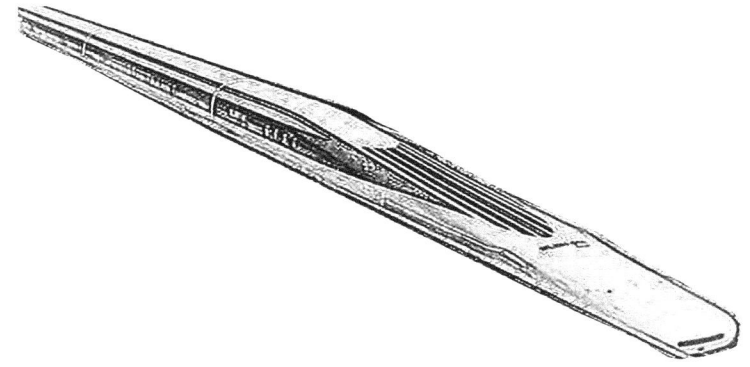

图 3.81 "新干线" L0 系高速列车

3.1.4 法国高速列车的设计理念

法国 TGV 特色列车，由阿尔斯通（Alstom）及国营公司（Société Nationale des Chemins de fer Français，SNCF）负责开发。TGV 列车往来巴黎邻近及邻国的城市。目前荷兰、韩国、西班牙、英国及美国等国家的铁路公司从法国购入 TGV 列车或技术。法国高速列车的设计，主要采用水中动物"鱼"的理念来设计。

（1）TGV1，第一代法国高速列车：高速列车的"淡水鱼"模型。TGV001 高速列车，建造 TGV 的设想始于 1960 年代，之前日本新干线已于 1959 年动工。法国则开始研究基于传统轨道的高速列车。TGV001 采用铰接技术，即两辆车厢之间共用一个转向架，两辆车厢可以相对自由运动。TGV001 速度可达 318 km/h，是非电力牵引火车的最高速度保持者。TGV001 的外观和内饰，由法国出生的设计师雅克·库珀设计，后来成为所有 TGV 列车的设计基础，包括与众不同的机车车鼻。整个 TGV001 高速列车，像在水中快速前行的淡水鱼，见图 3.82。

· 第 3 章 高铁的设计理念 ·

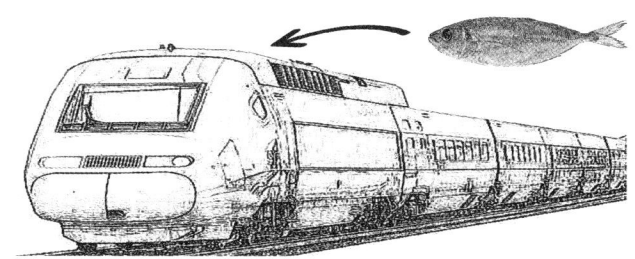

图 3.82 基于"淡水鱼"的 TGV1 高速列车

（2）TGV2，第二代法国高速列车：高速列车的"带鱼"模型。TGV Atlantique 高速列车，于 1989 年 11 月投入运营，即法国第二代 TGV 高速铁路，最高运行速度 300 km/h。1990 年 5 月，TGV Atlantique 曾创造了最高试验速度 515.3km/h 的世界纪录。TGV Atlantique 拥有灰色的外表，它改进了前几代的缺陷。它之所以称为 Atlantique，是因为运行在大西洋海岸，很多的火车起源自 TGV Atlantique，像西班牙的 AVE 等。整个 TGV002 高速列车，像在水中快速前行的一条带子（带鱼），见图 3.83。

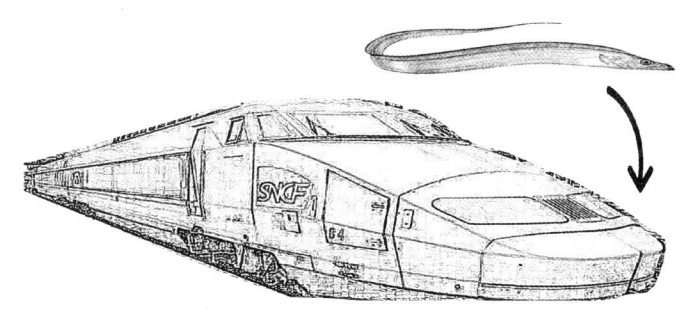

图 3.83 基于"带鱼"的 TGV2 高速列车

（3）TGV3，第三代法国高速列车：高速列车的"铜鱼"模型。2007 年 4 月，法国阿尔斯通公司制造的 TGV3 中的"V150"列车在巴黎东南部的一段经特殊加固的铁路线上，达到了速度 574.8 km/h，打破了 1990 年由法国高速列车创下的速度 515.3 km/h 的有轨铁路行驶世界纪录。此次破纪

89

录的试验列车被命名为"V150",意思是实现行驶速度超过 150 m/s 的目标,但此纪录被后来的日本磁悬浮新干线 L0 系打破。整个 TGV003 高速列车,像在水中快速前行的铜鱼,见图 3.84。

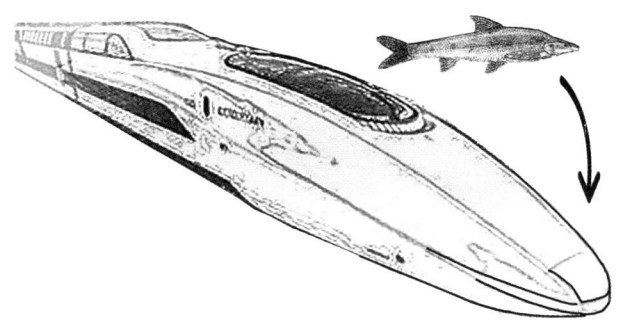

图 3.84 基于"铜鱼"的 TGV3 高速列车

3.1.5 德国高速列车的设计理念

德国 ICE 城际特快列车(Inter City Express),是以德国为中心的高速铁路专用列车系列,以西门子为主的厂商参与研发及制造。早在 1980 年德国就开始研究并开发 ICE 高速铁路系统及列车,其服务范围除涵盖德国境内各主要大城市外,还跨越邻近国家的多个城市。德国高速列车的设计,主要采用陆地奔跑动物"走兽"的理念来设计。

(1) ICE 1,第一代高速列车:高速列车的"毛驴"模型。德国高速动车组 ICE 的第一代,于 1991 年正式投入运营,由 2 个动车及 10 至 12 个拖车组成,运行在德国南北线和瑞士、奥地利等国,运行速度 280 km/h。隧道里最高速度 250 km/h,既有线上最高速度 200 km/h。ICE 1 共有 60 列正式投入运营,其中一列在 1998 年的一次意外事故中损坏。根据有关非官方资料,德国第一代高速列车是基于陆地动物"毛驴"奔跑的理念来设计的。如图 3.85。

·第3章 高铁的设计理念·

（a）毛　驴

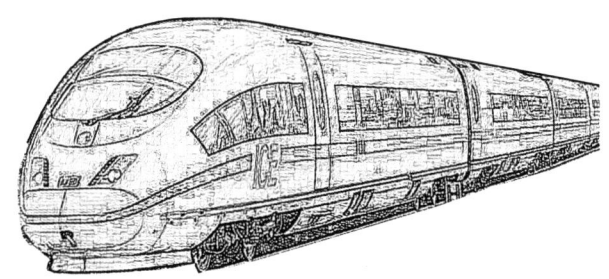

（b）第一代高速列车

图 3.85　基于"毛驴"的 ICE 1 高速列车

（2）ICE2，第二代高速列车：高速列车的"狮子"模型。1993 年，随着柏林至汉诺威间的高速铁路新线的开通与运营，ICE2 高速列车使整个旅行时间比原先的时间缩短了一半。2000 年，ICE2 列车改为由长 200 m 的电动复合单元（EMU：Electrical Multiple Unit Sets）车辆组成。最高速度：280 km/h。多数 ICE2 列车重联运行，然后分开到达不同的目的地。根据有关非官方资料，德国第二代高速列车是基于陆地动物"狮子"奔跑的理念来设计的。如图 3.86。

（a）狮　子

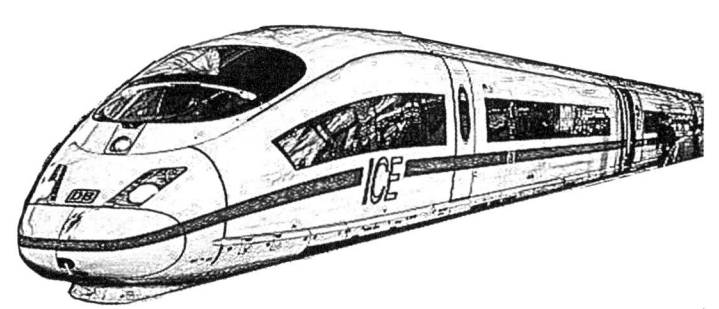

（b）第二代高速列车

图 3.86　基于"狮子"的 ICE2 高速列车

（3）ICE3，第三代高速列车：高速列车的"兔子"模型。德国铁路的 403 及 406 型分别又称为"ICE3（德国内的电压）"及"ICE 3M（适合多国电压）"。ICE3 及 ICE 3M 是德国国铁最高速的铁路列车，在科隆至法兰克福线路上运行，并且因戈尔施塔特至纽伦堡高速线路上 ICE3 的速度可以高于 300 km/h。根据有关非官方资料，德国第三代高速列车是基于陆地动物"兔子"奔跑的理念来设计的。如图 3.87。

·第3章 高铁的设计理念·

（a）兔　子

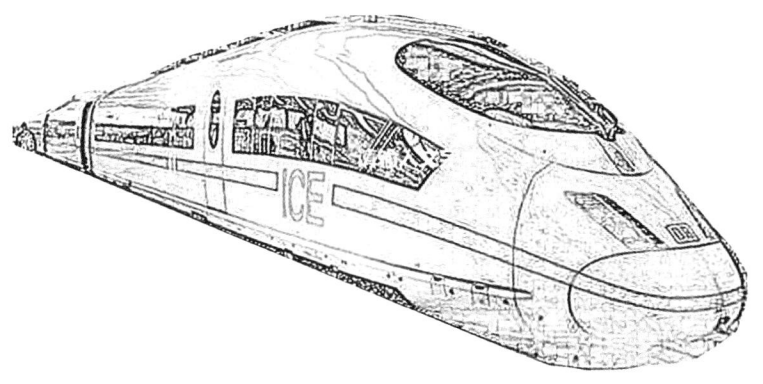

（b）第三代高速列车

图 3.87　基于"兔子"的 ICE3 高速列车

（4）ICE4，第四代高速列车：加强版。2015 年 12 月 4 日，德国铁路公司在柏林推出第四代城际高速列车 ICE4。ICE4 由西门子和庞巴迪合作制造，新一代列车将通过 14 个月的试运行于 2017 年正式投入使用，并逐渐取代第一和第二代城际高速列车。ICE4 在外观上与 ICE3 没有多大区别，行驶速度也限制在 250 km/h。硬件上有明显变化的是每节车厢增加了 8 个可停放自行车的位置，这也是适应德国人喜欢远足旅游的需要，另外方便了残疾人轮椅上车和在车上停放。ICE4 车厢的灯光可以变换，早晨黄色、中午蓝色、晚上红色，这种灯光变换更令乘客感到舒适。和 ICE3 相比，新一代列车使用了更多轻质材料，因此更加节能。根据有关非官方资料，

93

德国第四代高速列车是基于陆地动物多个动物奔跑的理念来设计的，是第一代、第二代和第三代的加强版。如图3.88。

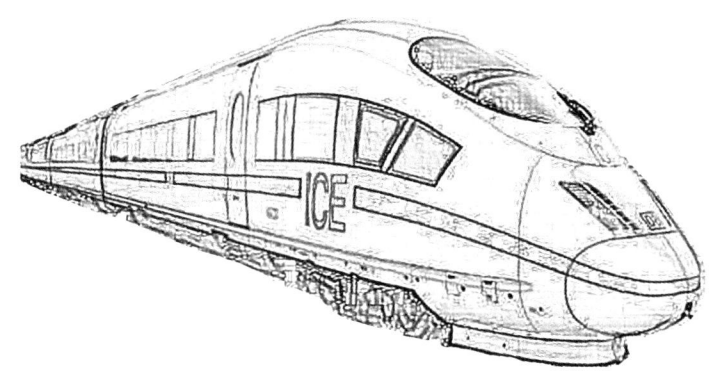

图3.88　ICE4高速列车

3.1.6　其他国家高速列车的设计理念

其他国家的高速列车，主要包括英国、美国、西班牙以及意大利在内的发达国家，都选择了技术条件成熟、适合于本国运行的高速列车。

（1）英国、比利时的"欧洲之星"高速列车。"欧洲之星"的最高速度是300 km/h，在隧道的最高速度是160 km/h。每列"欧洲之星"列车具有一个以"3"（3xxx）开头的4位数编号。这表示"欧洲之星"相当于TGV的"3"系列，而"2"表示TGV大西洋系列，"1"为原来的巴黎南部—东部线列车。"欧洲之星"的第二位数表示购买（或拥有）"欧洲之星"的国家，例如：30xx为英国，31xx为比利时，32xx为法国，英国地方铁路的"欧洲之星"为33xx。每一列"欧洲之星"由20节车厢组成，长达400 m（1 320英尺），搭载18个车厢。假如在隧道中出现事故，列车车厢可以被分开从而疏散未受影响车厢的乘客。如图3.89。

· 第 3 章　高铁的设计理念 ·

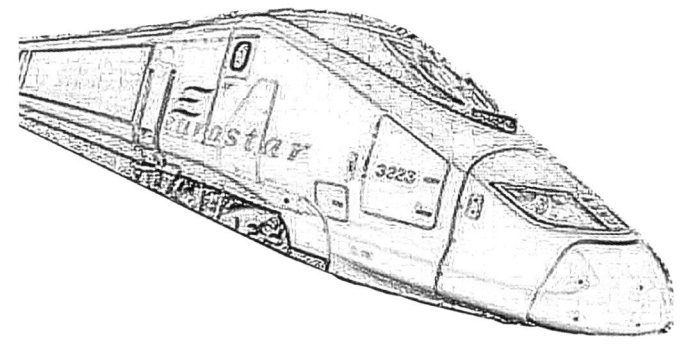

图 3.89　"欧洲之星"高速列车

（2）美国的"ACELA"高速列车。Acela express（Acceleration excellence）是动力集中的摆式列车，由 Bombardier 和 Alstom 联合研制，整列不锈钢打造。列车运行最高速度 240 km/h。动力车使用 Alstom TGV 的技术，而车厢和摆式系统是 Bombardier LRC 的后续产品。Acela Express 专门为商务旅客提供服务，是 Amtrak 唯一带有头等舱和没有经济舱的列车。全列只有一节头等舱车厢和一节餐车。列车车票的票价也相对很高。如图 3.90。

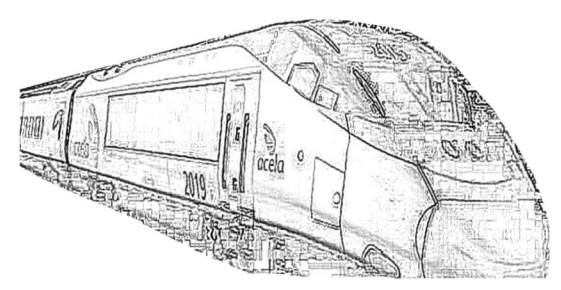

图 3.90　美国"ACELA"高速列车

（3）意大利的"Pendolino"高速列车。Pendolino 是由意大利设计的摆式列车车款之一，最初由 Fiat Ferroviaria 研发及制造，至 2002 年公司被法国阿尔斯通以 3 亿欧元收购。现时这款列车除意大利外，在西班牙、葡萄牙、斯洛文尼亚、芬兰、捷克、英国、瑞士及中国也可找到其踪影，中国版本被称为 CRH5，但不设摆式功能。意大利摆式列车设计用在意大利山区干线上，以便缩短城市间的旅行时间。如图 3.91。

95

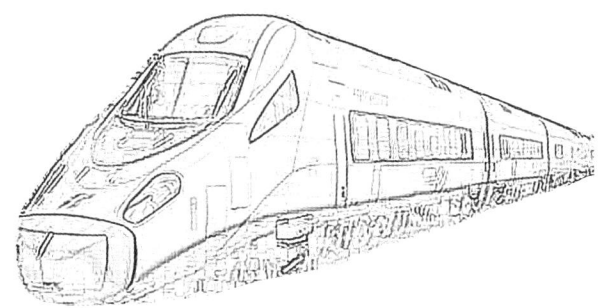

图 3.91 意大利"Pendolino"高速列车

3.2 高铁站点的设计理念

高铁站点也叫高铁车站（Station），是一个城市文明的标志。高铁站几乎都成为每个城市的地标性建筑。高铁站点作为枢纽站，不但要有疏导功能，而且在视觉上也要有美感，更要表达和展现城市内涵、文化底蕴和历史渊源。因此，不同的高铁站点代表着不同的城市文化和地域特色，有不同功能和规模，采用不同理念进行设计。高铁站点的三维视角如图 3.92。

图 3.92 高铁站点的三维视角

高铁站点也是重要的公共建筑，对城市的发展具有重大而深远的影响。同时，高铁站的发展历程也能从一个侧面反映出社会经济的时代变迁。因此，高铁站点应按照"站城融合、质效结合、人网结合"的原则来设计。

（1）高铁站点的现代性。高铁站点设计要吸收最前沿的设计理念、科学技术和文化特色，坚持与时俱进，使用现代技术，提高文化创新，设计上具有前沿性。

（2）高铁站点的经典性。高铁站点定位的经典性，主要是在传承城市文化底蕴的基础上，展现各类高铁站点表现形式的传世之美，兼具欣赏价值及研究价值，成为经典建筑，具有延续性。

（3）高铁站点的特殊性。高铁站点设计要推广城市文化的现代表现形式，注重城市文化的传承、创新、发展和延续，避免千篇一律的站点形式，突出城市特色性，具有独特性。

（4）高铁站点的系统性。高铁站点设计要将客运休闲、创意设计、文化娱乐、商业市场等多种模式系统融合，打造现代站点的综合体，具有系统性。

（5）高铁站点的人文性。高铁站点形成的空间，具有两个动作——"进（意味着回来、团聚）"和"出（意味着离开、分散）"，如同人生聚散。所以，高铁站的设计要表达给人温暖和希望的感觉，具有任务情怀。

总之，高铁站点是以功能性居首的交通建筑，衡量其功能的重要标准是运行效率。在进行高铁站点设计时：首先是实用主义原则，高铁站点要考虑城市的功能和规模，满足大家出行要求；其次是地域文化特征，高铁站点要考虑城市历史文化、地域特征等，具有城市地标性特征；最后是美学主义原则，高铁站点要考虑站点视觉设计，具有美观性和观赏性。

3.2.1　高铁站点的设计原则

随着交通运输和城市化进程的快速发展，高铁站对促进城市人口增长

和服务功能集聚的作用越来越明显。特别是高铁站的辐射作用和对城市的功能结构的影响也越来越大。因此，如何有创意设计高速铁路的站点，是一个难点问题。但无论如何设计，必须遵循如下原则：

（1）高铁站点的内部设计原则。对高铁站房的内部功能、流线进行组织，要保证流线便捷、顺畅，避免交叉干扰，提供适用、高效便利的旅客服务设施，充分体现"以人为本、节能环保"的设计理念。

（2）高铁站点的外部设计原则。在建筑造型设计上，设计者经过充分的调查研究，结合当地的历史文化、地域特征，设计出风格各异、赏心悦目的车站建筑；同时在设计中满足绿色、节能、环保和可持续发展等要求，并且配合城市发展规划布置站房相关设备，使客流组织合理、方便快捷。

（3）高铁站点的功能设计原则。基于"一年成名、三年成型、五年成城"的思想，高铁站的空间布局模式也从传统的、单一的平面式布局向三维的、立体式、综合性的多元方向发展。这样：一方面高效地利用了城市土地资源，与城市其他功能联系更为密切；另一方面在三维立体式的空间布局更利于高铁交通枢纽的交通换乘，有效地缩短换乘距离。目前，中国基本采用"上入下出"原则，来设计高铁站点。

3.2.2　高铁站点的不同类型

高铁站是综合了城市、建筑、交通等多方面要素的综合体，它与城市的关系密不可分。因此，基于高铁与城市关系，从城市规模、客流量、站点功能等多个方面来对高铁站进行分类和分级。

（1）按城市规模划分类型。一般来说，城市规模与城市客流量成正比，即城市规模越大，往周边地区的客流量也越高，相应的铁路客运量也就越高。同时，随着城市规模的增长，市内交通量也随之增加，交通方式趋于多样化，高铁站点与之相接驳的方式愈加灵活，高铁站点在城市中的枢纽作用亦显突出。因此，城市规模可以作为限定高铁站点规模与功能的一个重要因素，见表3.4。

表 3.4　按城市规模划分的高铁站类型

类　　型		城市人口/万人	典型城市
一级高铁站	超级城市高铁站	≥1 000	北京、上海、东京
二级高铁站	特别城市高铁站	800~1 000	南京、天津、名古屋
三级高铁站	大城市高铁站	500~800	合肥、济南
四级高铁站	中等城市高铁站	300~500	兰州、南宁
五级高铁站	普通城市高铁站	100~300	银川、无锡
六级高铁站	小城镇高铁站	50~100	西宁、镇江

（2）按高铁站点区位划分类型。高铁站点区位指高铁站点在城市中的相对位置，它主要与高铁站点修建时城市的规模、高铁站点与城市用地功能的关系、地形等条件的限制等有关联。结合城市发展现状、高铁站在城市中的位置分布特征，可以将城市中的高铁站进行分类，见表3.5。

表 3.5　按高铁站点区位划分的高铁站类型

类　型		特　　征	站　点
一类	中心站	城市中心区内、边缘或外围地段，与城市中心的活动密切相关	北京站、天津站、巴黎站
二类	城区站	城市核心建成区以内、边缘或外围地段，与城市关系较为密切	北京南站、上海南站
三类	新城站	大城市辖区内的开发区、新区以及卫星城等独立的建成区	北京亦庄站
四类	接驳站	对外交通枢纽，起到公路、航空、航海等其他交通方式的换乘	戴高乐机场站

（3）按高铁站点规模划分类型。高铁站点的规模影响站场建筑及其附属设施的用地和建筑规模，同时也限定了站点对城市的影响力。高铁站点规模可以用站点的旅客发送量来衡量，高铁站点的旅客发送量包括年旅客发送量、平均日旅客发送量与高峰小时旅客发送量等指标。在《铁路旅客车站建筑设计规范》（GB 50226—2007）中，按照高峰小时发送量的大小，将客运专线铁路客车车站规模划分为4个等级，见表3.6。

表3.6 按高铁站点规模划分的高铁站类型

站点规模	高峰小时发送量/人	站　　点
特大型	≥10 000	北京南站、上海虹桥站
大　型	5 000～10 000	天津站、武汉站
中　型	1 000～5 000	西安北站、郑州东站
小　型	<1 000	丹阳站、滁州站

3.2.3 高铁站点的文化特征

高铁站在建筑风格上，它们拥有不同的风格。不同的高铁站拥有不同的建筑风格。如雄伟、壮观、华丽、古朴、风雅、时尚、清新或现代等特色，它们有自己的显著特色，基本成为当地的标志性建筑之一。高铁站的建筑风格也体现了当地的特色和文化，使人们对它们有了更深的了解。

1. "北、上、广"高铁站点的设计理念

国内高铁站点从设计理念、规划统筹、设施装备、建造技术和管理水平等各方面，把中国铁路客站技术水平推向一个全新的高度。因此，对北京、上海、广州（简称"北、上、广"）等城市的高铁站点设计理念进行说明。

（1）北京南站的设计理念："天坛"模式。北京南站利用"天坛"的设计理念，体现中国优秀的传统文化。北京南站是中国第一座高标准现代化的客运专线大型客站。北京南站主要吸取和借鉴了天坛祈年殿的建筑元素，运用现代的建造技术手段和科学技术，设计了多功能的大型客站。北京南站既呈现出古典的庄严，又散发着时代的气息，有中国风的味道。如图3.93、图3.94。

图 3.93　天　坛

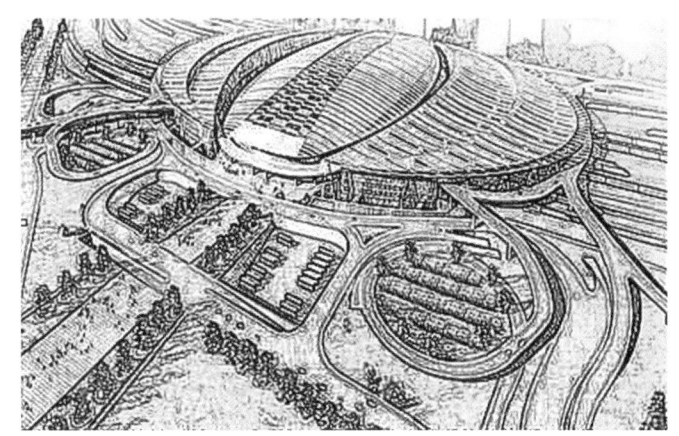

图 3.94　北京南站

北京南站站房为双曲穹顶，地上沿长轴方向两翼部分为各三跨钢结构通透雨篷，中间站房为椭圆形高大建筑，地上两层，地下三层。北京南站也是亚洲最大的交通枢纽之一，是华北地区最大的高铁站。

（2）上海虹桥站的设计理念："长方体"模式。上海虹桥站利用"长方体"的空间设计理念，体现世界大都市的经济魅力。上海虹桥站是华东地区最大的高铁站，采用平直、方正、厚重的建筑造型，传统建筑特色与现代建筑元素结合。上海虹桥站体现了上海在世界经济发展中的角色和地位。

如图 3.95、图 3.96。

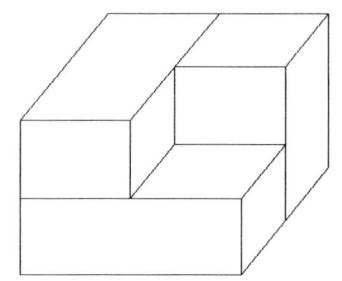

图 3.95　长方体

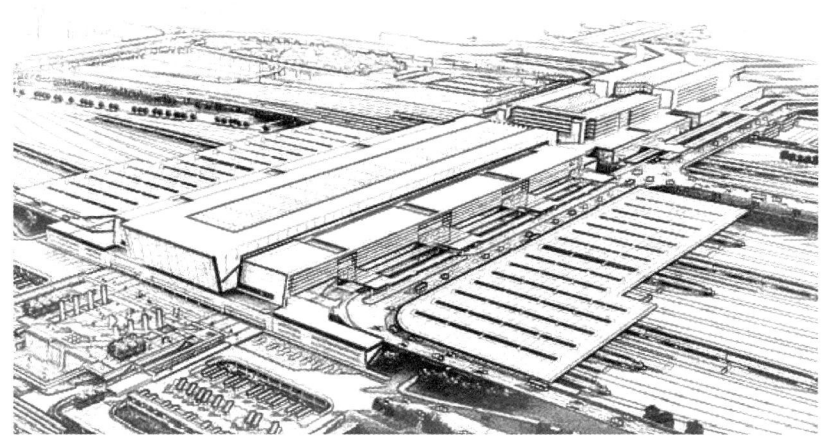

图 3.96　上海虹桥站

上海虹桥站站房由新建站房主体、无站台柱雨篷、南北辅助办公楼、场区站场设备等工程组成。上海虹桥站也是一个休闲娱乐多功能站点设计。

（3）广州南站的设计理念："芭蕉叶"模式。广州南站利用"芭蕉叶"的设计理念，体现南方广州经济强市特征。广州南站将绿叶花街作为特色，以一片片的芭蕉叶为基本单元，通过中央采光带的串联，形成极具特色的建筑形态。广州南站也是目前全国最大的火车客运站，构建了"一轴、五片区、六节点、七延伸"的地下空间交通系统，为中国面积最大的地下空间。广州南站是中国高铁站中最有特色的车站之一，也体现了节能环保的思想。如图 3.97、图 3.98。

图 3.97 芭蕉叶

图 3.98 广州南站

广州南站整体建筑包括主站房、无柱雨篷、高架车场（站台）、停车场等，车站地上3层、地下1层。

2. 其他城市高铁站点的设计理念

"设计是先导，理念是灵魂"。国内外高铁站点为了促进城市旅游发展，结合城市历史文化、人文环境等资源，以地方特色来设计高铁站点。下面对深圳、南京、郑州、天津等城市的高铁站点设计理念进行说明。

（1）深圳北站的设计理念："山水园林"模式。深圳北站利用"山水园林"的设计理念，时尚且功能多样化原则来设计。深圳北站是华南地区最大的综合交通枢纽工程，山林连接城市，本土连接国际，是深圳市建设占地最大、建筑面积最多、接驳功能最为齐全的特大型综合交通枢纽。如图 3.99。

图 3.99 深圳北站

深圳北站车站分地面站台层、高架夹层、高架候车层、商务预留层等 4 层,是深圳市规模最大、设备技术最先进的高铁站点。

(2)南京南站的设计理念:"网架结构"模式。南京南站利用"网架结构"(表示交通枢纽)的设计理念,体现六朝古都的文化底蕴,采用"上入下出"三层架构来设计。南京南站作为古都新站、飞檐斗拱,尽显中国传统建筑的恢弘气势。如图 3.100。

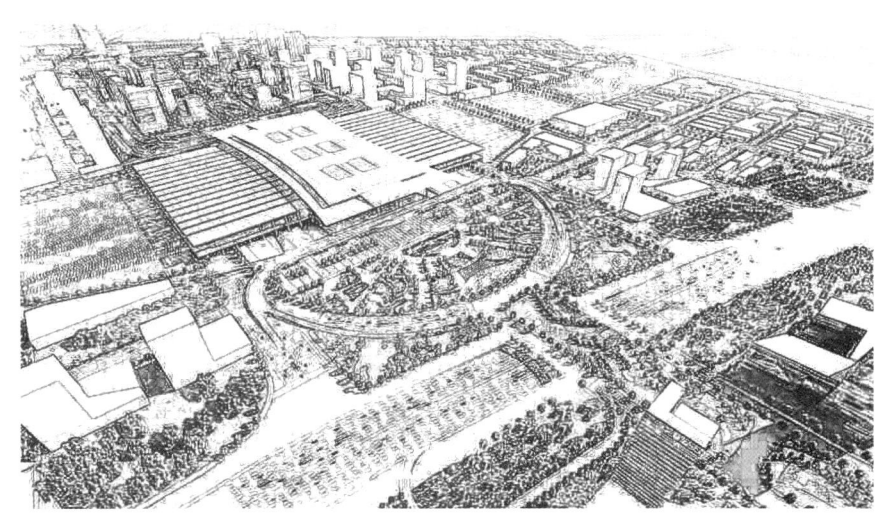

图 3.100 南京南站

南京南站南北长417 m，候车大厅东西宽156 m，整体东西宽度450 m，总高59.96 m。南京南站是全球第一个"桥建合一"的车站，也是一个多功能的站点。

（3）郑州东站的设计理念："莲鹤方壶"模式。郑州东站利用"国宝莲鹤方壶"的设计理念，体现中原文化特色，采用"上入下出"五层架构来设计。郑州东站是全国最大枢纽客运中心，以城市之门建筑形式为主题，设计造型突出了"国宝莲鹤方壶"。"国宝莲鹤方壶"是国家古代国宝的和谐图案。郑州东站通过这个穿越千年历史文化的造型，体现出中原文化和中华文明的沉稳厚重、大气磅礴的精神。如图3.101、图3.102。

图3.101　莲鹤方壶

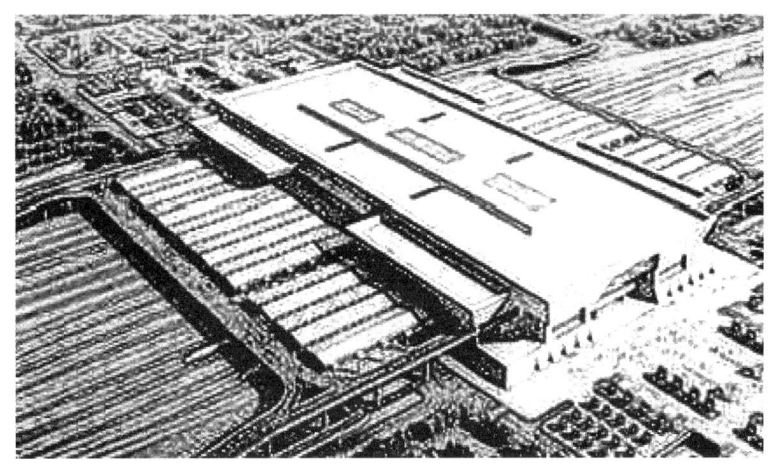

图 3.102　郑州东站

郑州东站站房建筑地上地下共 5 层，其中地下负 2 层是地铁轨道层，负 1 层是地铁站厅，地上 1 层为高铁和城际的出站大厅，2 层是站台层，3 层是高架候车厅。郑州东站采用的结构形式增大了出站层的结构空间，增加了高架站场的整体刚度，为各种管线安装创造了宽松的条件。

（4）天津西站的设计理念："百叶"模式。天津西站利用"圆拱+放射状百叶"的设计理念，体现天津的美好未来，也采用"上入下出"架构来设计。天津西站以圆拱和放射状百叶寓意天津城市发展的美好前景和光辉未来。天津西站以巨大拱形结构创造出宏大的高架进站候车空间，使旅客在进站过程中感受到充满阳光、开敞、通透的空间效果，体验到新时期铁路发展带来的全新感受。如图 3.103。

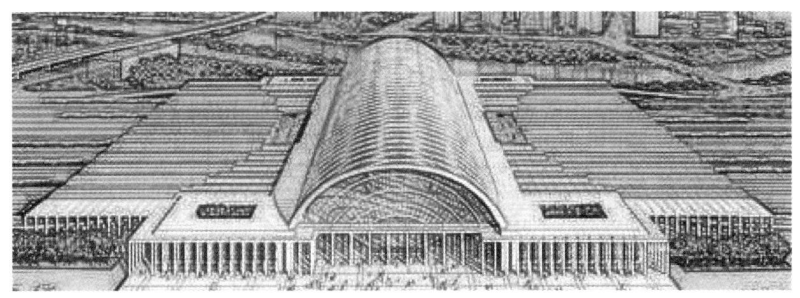

图 3.103　天津西站

天津西站主体结构为地上 2 层、地下 3 层。站房为圆拱形结构，南北长 380 m，东西跨度 126 m，高 50 m。

3.3 高铁线路的设计理念

高铁线路是指高速列车运行的整个轨道系统。虽然高速铁路与普速铁路的轨道结构都是由钢轨、轨枕、扣件、道岔和道床等部分组成的，它们也承受到来自列车车轮的作用，但是其材料的力学性能却绝然不同。随着高速列车的提速，大幅度增强了高速列车对轨道结构的作用力。所以，高铁线路设计与普速铁路线路设计也有所不同。高铁线路的设计理念是"以人为本、节能环保、绿色发展"。高铁的线路设计示意如图 3.104。

图 3.104　高铁的线路设计

3.3.1　高铁线路的设计标准

高速铁路的等级主要由高速铁路在国家中的功能决定，如我国有 350 km/h 的和 250 km/h 的等级线路等。大多数情况下，高铁线路等级需要更多地考虑政治、经济、社会、环境等宏观因素，非单纯由技术因素确定。但无论如何设计，高铁线路的设计遵循如下原则。

1. 高铁线路的坡度准则

高速列车重量较小，机车功率较大，可在较大线路坡度上高速运行。

高速铁路要求相邻坡度差大于 1‰ 时，设置竖曲线，以保证列车运行平稳和安全。国外高速铁路最大线路坡度为 40‰。

2. 高铁线路的速度准则

竖曲线半径与行车速度有关，行车速度越高，竖曲线半径也应越大。我国高速铁路上，最小曲线半径根据所处区段远期设计最高速度选用，具体为：最高设计速度 300～350 km/h 时，选用 25 000 m；最高设计速度 250 km/h 时，选用 20 000 m；最高设计速度 200 km/h 时，选用 15 000 m。最大竖曲线半径不应大于 40 000 m。

基于坡度准则和速度准则，我国高铁线路的分类，如表 3.7。

表 3.7 高铁线路的分类

技术标准	高速线路分类		
	国家主线	干线高铁	既有线改建
设计速度	300～400 km/h	250～350 km/h	200～250 km/h

3.3.2 高铁线路的轨道特征

高铁线路的建设中，高铁轨道的特征是尤为重要的，因为轨道建设直接关切到高速列车的正常运行，以及运行安全性。由于高速铁路运行比较快，所以高速铁路对轨道的基本要求也比较高，主要有：平顺性、可靠性、长寿性和稳定性。

高速铁路轨道从结构上分为两大类：有砟轨道、无砟轨道。国内外运营实践表明：两类轨道结构均可保证高速列车的安全运营，但两类轨道结构在技术性和经济性方面存在明显差异。

1. 高铁的有砟轨道

有砟轨道就是传统的铺枕木和石子的轨道。这种轨道投资低，但车子跑在上面会有哐当声，车跑不快，乘客也不舒服。传统有砟轨道具有铺设简便、综合造价低廉的特点，但容易变形，维修频繁，维修费用较大。同时，列车速度受到限制，不能速度太快。如图 3.105。

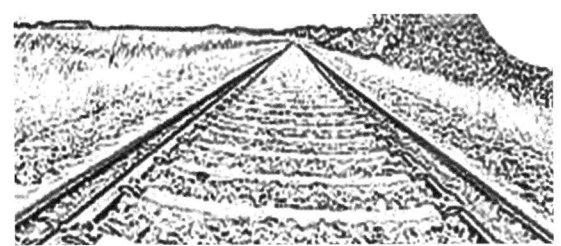

图 3.105　有砟轨道

2. 高铁的无砟轨道

无砟轨道是指采用混凝土、沥青混合料等整体基础取代散粒碎石道床的轨道结构。其轨枕本身是混凝土浇灌而成,而路基也不用碎石,钢轨、轨枕直接铺在混凝土路基上。无砟轨道是当今世界先进的轨道技术,可以减少维护、降低粉尘、美化环境,而且列车速度可以超过 300 km/h。如图 3.106。

图 3.106　无砟轨道

随着技术经济性的不断提高,无砟轨道已成为世界高速铁路轨道结构的发展方向,其推广应用范围愈来愈广。日本、德国、韩国、中国、西班牙、意大利等后期修建的高速铁路,无砟轨道所占比例均在 90% 以上。

3.3.3　高铁轨道的设计理念

高速铁路的轨道结构除了要具备更高的稳定性能和可靠性能外,还需要具备极高的平顺性。法国和德国为了使列车的速度得到有效提升,就对其高速铁路的轨道方面进行了很多技术措施的实施,其中很大部分都是以轨道平顺性为中心来提高的。

1. 法国高铁轨道的结构设计理念

法国的高速铁路都是利用有砟轨道。长轨条长 280 m 或者 396 m，铺设的线路是跨区间的无缝线路。每间隔 20~25 km 的地方设置渡线，达到 160 km/h 的侧向过岔速度则可以进行反向行车。如图 3.107、图 3.108。

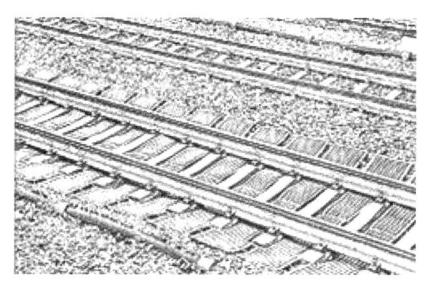
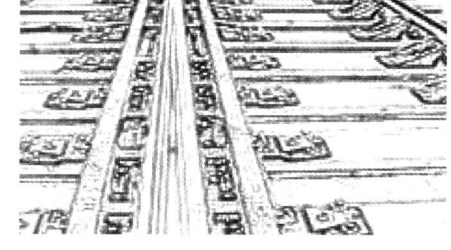

图 3.107　法国高铁有砟轨道　　　　图 3.108　法国高铁无砟轨道

2. 德国高铁轨道的结构设计理念

德国的高速铁路利用的也是长为 180 m 的轨条，再在工地上焊接成无缝线路钢轨。德国的高速铁路为了让有砟轨道结构的承载能力得到有效的提高，就提出了改善道床工作条件的一些措施，并获得了一定的成效。如图 3.109。

图 3.109　德国普通 Rheda 型无砟轨道

3. 日本高铁轨道的结构设计理念

日本把无砟轨道称作板式轨道。板式轨道由轨道板和钢轨组成，由扣件将其联结。轨道板为钢筋混凝土或预应力混凝土结构，轨道板标准长度为 5 m；为防止轨道板沿轨道纵、横向移动，要把轨道板固定在整体道床上，因此在隧道及高架桥的整体道床上设置圆柱形混凝土凸台。如图 3.110。

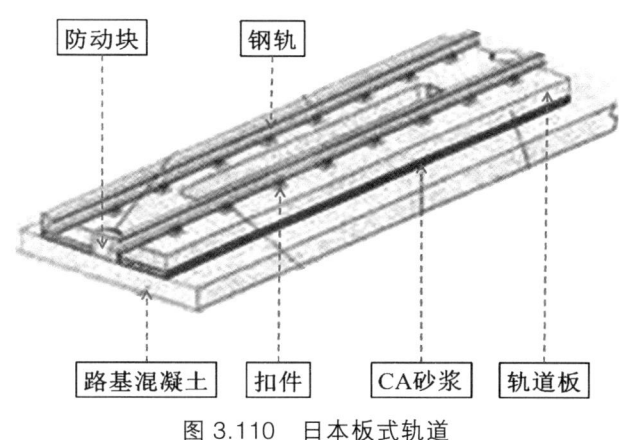

图 3.110　日本板式轨道

3.3.4　高铁线路的设计难点

为保证高速列车能够长期、持续、安全、平稳、快速地运行，高铁线路要求高铁线下基础具有高平顺性、高可靠性、高稳定性、高精度、小变形、少维修等特点。高铁线路需要从路基、桥梁、隧道等方面选用必要的技术标准和措施加以保证。

1. 高铁路基

高铁路基是承受轨道结构重量和列车荷载的基础，是铁路线下工程的重要组成部分。高铁路基除应具备一般铁路路基的基本性能之外，还需要满足强度高、刚度大的要求。所以，高铁路基是高铁线路的设计难点，如图 3.111。

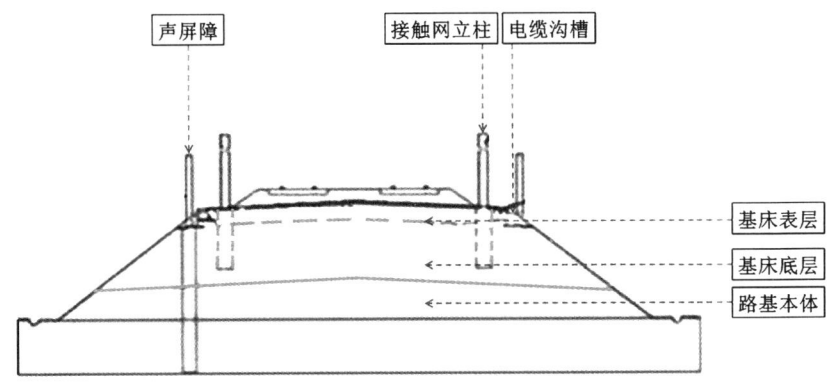

图 3.111　高铁路基结构示意图

2. 高铁桥梁

高铁桥梁作为轨道的下部结构,必须具有高平顺性、高稳定性和高可靠性等特点。高铁桥梁的梁体必须具有足够大的竖向刚度、横向刚度和抗扭刚度,限制温差和混凝土突变产生的上拱变形,以保证高铁线路的高平顺性和避免不良的车、桥动力响应。所以,高铁桥梁也是高铁线路的设计难点,如图 3.112。

图 3.112　高铁桥梁示意图

3. 高铁隧道

高铁隧道设计必须考虑列车进入隧道诱发的空气动力学效应对行车、旅客舒适度、车辆结构强度和环境等方面的不利影响。所以,高铁隧道更是高铁线路的设计难点,如图3.113。

图3.113　高铁隧道示意图

3.4　高铁线网的设计理念

高铁线网设计也是一项长远性设计,既要考虑近期需求和建设目标,也要考虑国民经济的承受能力。一般从高铁线路基本特征分析入手,由线及网构建高铁线网。高铁线网由基本高铁线路组合而成,不同国家和地区形成的高铁线网布局形态,也不一样。因此,高铁线网具有多样性。

1. 高铁网的设计原则

高铁线路布设要能够充分发挥其技术特征优势,实现城市和国家交通互动发展效应。根据城市功能定位和布设思路,选择的线位应尽可能与国家客运走廊相一致,发挥高铁的客运功能,同时也能够支撑周边城市发展。中国高铁"四纵四横"如图3.114。

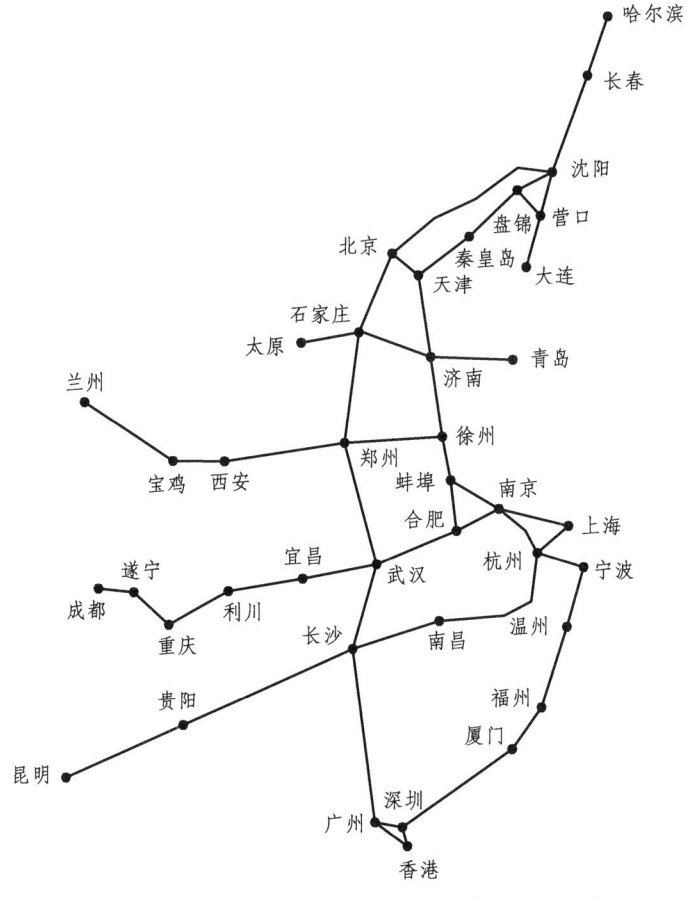

图 3.114 中国高速铁路"四纵四横"客运专线

2. 高铁网的设计流程

通过对整个国家及地区内主要城市背景分析,计算各个城市客流重要度,进行线路搜索以确定客流匹配集,生成高铁虚拟网络。一方面,基于最短路客流分配技术,进行高铁线路具体路径落实,最终确定高铁线路具体路径;另一方面,基于"逐条布设,优化成网",确定高铁线网。高铁线网的形成流程,如图 3.115。

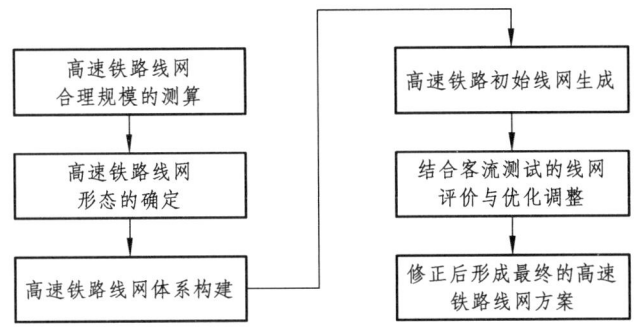

图 3.115　高铁线网方案流程

3. 高铁网的设计步骤

根据高铁线路布设原则，通过城市客流集散点分析，利用交通流理论就可以确定高铁线路的走向问题。高铁路径的优选是在确定高铁线路走向基础上，进行组合优化的过程，以达到目标最优。高铁线网的设计过程如下：

步骤一：高铁的客流分布。将高铁客流分布结果通过最短路分配法，分配到远期高铁线网上，得到高铁线路客流量的分布值。并基于耦合机理，形成高铁走向的虚拟路径，如图 3.116。

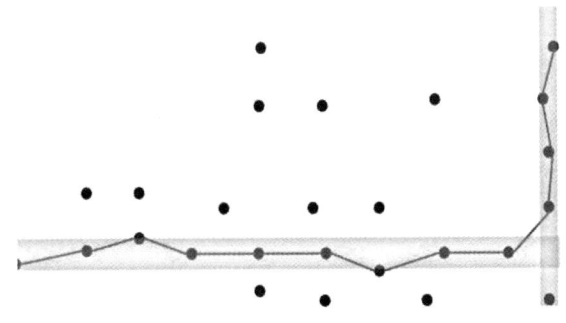

图 3.116　高铁的虚拟路径图

步骤二：高铁的路径优选。在考虑高铁线路走向实际情况的基础上，根据高铁客流分配结果进行高铁虚拟路径的优选落实。高铁路径的优选图，如图 3.117。

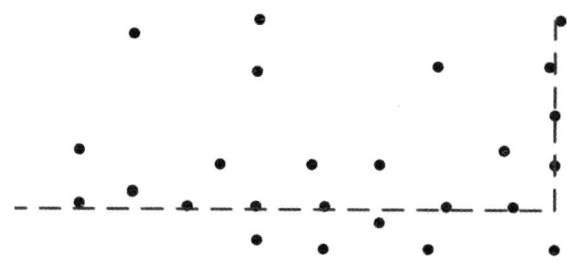

图 3.117 高铁路径的优选图

步骤三：高铁的网络形成。将高铁客流最短路分配结果与高铁虚拟路径进行叠加，在高铁线路具体路径尽可能与城市客流走廊一致的原则下，进行高铁线路具体路径布设，优选出高铁线路，构成高铁网络，如图 3.118。

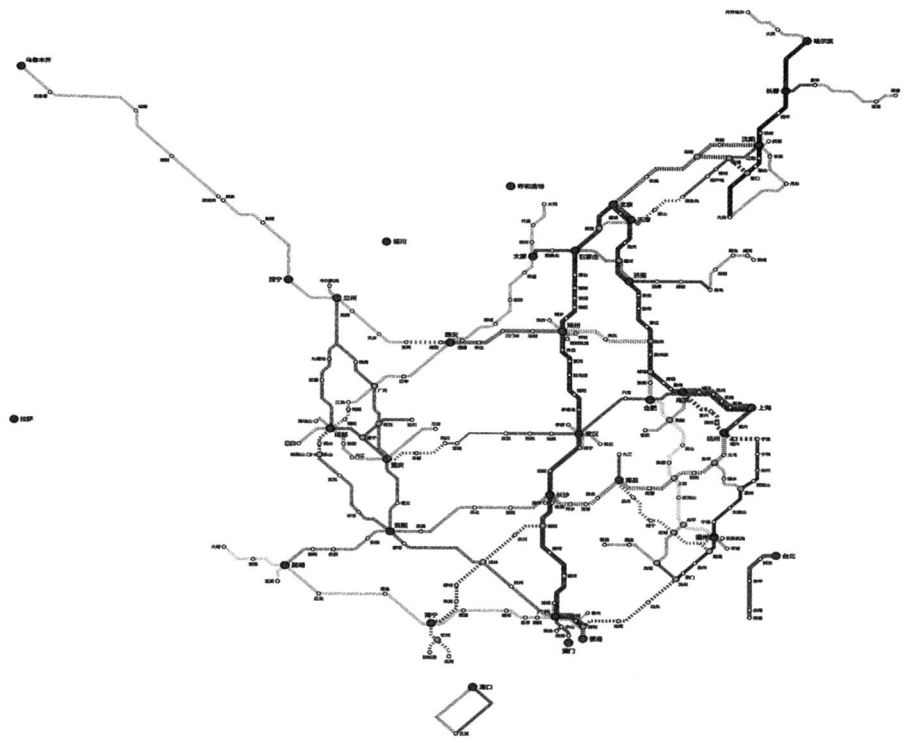

图 3.118 高铁网络图

总之，本章从"点（高铁列车、高铁站点）、线（高铁线路）、面（高铁线网）"等三个层次对高速铁路这种交通方式的设计理念进行了简单的科普，主要从高铁设计层面出发，解析了高铁列车的设计理念和高铁站点的设计理念。这样：一方面，从动态角度，解说了高速列车的设计理念，如中国、日本、法国以及德国等国家高速列车的设计理念；另一方面，从静态角度，解读了高速站点的设计理念，并结合全球各个城市的具体特点，分析了具有当地特色的高铁站点。

第 4 章 高铁的发展历程

自 1825 年英国修建了世界第一条铁路以来，由于速度和运能上的优点，铁路在很长的历史时期内成为各国的交通运输骨干。但 1945 年以来由于运营速度慢，铁路一度被人们称为"夕阳产业"。直到 1964 年，世界第一条高速铁路在日本通行，世界范围内掀起第一轮"高铁热"，但由于技术层面的问题和建设成本高等问题，高速铁路没有得到大力发展。1995 年，法国高速铁路技术成为全欧高速火车的技术标准后，世界范围内掀起第二轮"高铁热"，但由于那时经济不景气，特别是发展中国家经济能力有限，高铁只在经济发达的大国之间进行了建设和运营。2008 年，中国高速铁路发展，特别是 2015 年后，由于高铁技术的成熟、经济、适用、可靠，高铁在发展中国家也得到了建设和运营，世界范围内掀起第三轮"高铁热"。今天，高速铁路已经作为一种安全可靠、快捷舒适、运载量大、低碳环保的运输方式，成为世界铁路发展的重要趋势。几种长距离的交通工具如图 4.1。

（a）汽　车　　　　　　（b）高　铁

第4章 高铁的发展历程

（c）飞　机

图 4.1　长距离出行的交通工具

4.1　高铁的"昨天之历程"

由于高速铁路具有明显的经济效益和社会效益，所以欧洲、北美洲和亚洲等许多国家和地区纷纷兴建、改建或规划修建高速铁路。据国际铁路联盟的统计，截止到 2020 年 12 月，全世界运营中的高速铁路营业里程总长达 5 万千米，这些线路主要分布在 20 多个国家和地区。与普速列车相比，轮轨高铁从外形到功能都有了大的改进（如图 4.2）。

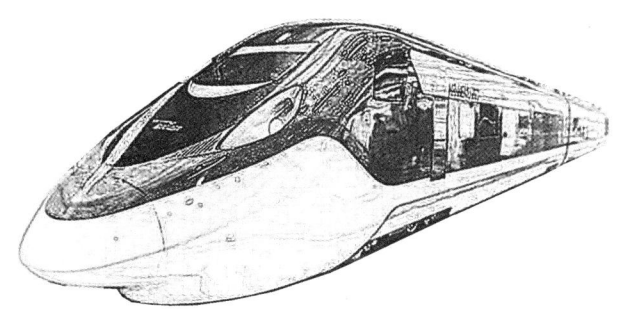

图 4.2　轮轨高铁列车

4.1.1　日本高铁的发展史

日本是世界上第一个建成且使用高速铁路的国家。1964 年 10 月 1 日东海道新干线正式开通营业，高速列车运行速度达到 210 km/h，从东京至大阪间旅行时间由 6 h 30 min 缩短到 3 h。这条专门用于客运的电气化、标准轨距的双线铁路，代表了当时世界上最先进的高速铁路技术，标志着世界高速铁路由试验阶段进入了商业运营阶段。东海道新干线的巨大成功坚定了日本推进新干线高铁发展的信心和决心。新干线以其高速、安全和稳定性博得日本国民的普遍好评，其运量得到飞跃的增长。运行在新干线上的高速列车如图 4.3。

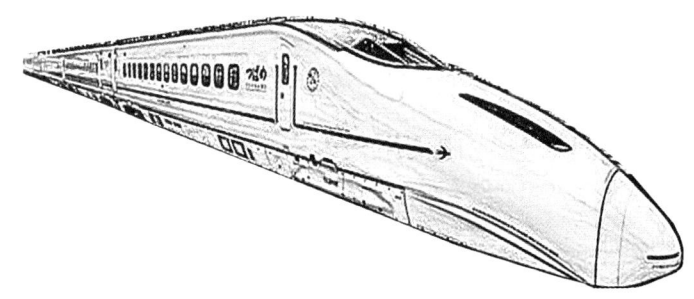

图 4.3　日本东海道新干线高速列车

日本目前已开通运营的高速铁路有东海道新干线、山阳新干线、东北新干线、上越新干线、长野新干线、九州新干线、秋田新干线、山形新干线等 8 条，总里程长度达到 2 501.5 km。日本在高速铁路售检票技术、高速铁路列车设计技术、高速铁路轨道防护技术等三方面的安全研究一直处于世界领先水平。特别是日本自主研发的从 0 系列到 E5 系列的动车组，在稳定和速度方面与其他国家相比都具有较大的优势。日本目前在线运营的高速列车有希望号、光号、回声号、小玉号、疾风号、山神号、那须野号、浅间号、燕子号、小町号、系翼号、朱鹮号/谷川号、隼号等十几种类型，它们担负着不同线路的客流运输任务。

4.1.2　法国高铁的发展史

法国是世界上第二个建成且使用高速铁路的国家。法国 TGV 高速列车自 1981 年开始运营，以安全、可靠闻名，经过 30 多年的运营，高铁技术不断完善。TGV 成为世界上最安全的高铁之一。法国 TGV 为提高速度特别设计了法国高速铁路线,该铁路线没有急转弯,使用高功率电动机和铰接车架,轮轴高度较低且机车信号内置。TGV 由于运行阻力小、稳定性高、噪声小,使得 TGV 列车以舒适闻名。很多游客都因此特地前来感受舒适的法国高铁。如图 4.4。

图 4.4　法国 TGV 列车

法国从 1970 年开始研究发展高速铁路,决定建造的第一条高速铁路是巴黎—里昂段,即现在的东南线,全长约 420 km。而当时巴黎—里昂的既有线全长约 500 km,运行 4 h。东南线建成后,法国又陆续建造了大西洋线、北方线、地中海线、东部线等。法国高铁网的特点是以巴黎为中心,向东南西北各个方向辐射,在巴黎和里昂地区设有外环线,北方线列车可通过巴黎外环线绕道转至东南线。由于法国 TGV 在传统轮轨领域的技术领先于欧盟各国,1996 年,欧盟各国的国有铁路公司经联合协商后确定采用法国技术作为全欧高速火车的技术标准。随后 TGV 技术被出口至韩国、西班牙等国,成为运用最广泛的高速轮轨技术。

4.1.3　德国高铁的发展史

德国是世界上第三个建成且使用高速铁路的国家。德国是一个铁路历史悠久的国家。从高铁的发展过程来看,德国首创,日本成型。1903 年 10 月 23 日,德国西门子公司生产的电子列车在马林费尔德到佐森试验段速度达到了 206.7 km/h。1903 年 10 月 27 日,德国通用电力公司生产的电力列车试验速度达到了 210.2 km/h。德国把铁路网上这些高速运行的列车叫飞行列车。从 1965 年开始,德国一些高速列车速度达到了 200 km/h。1991 年,德国的诺威至维尔茨堡的城际列车开通速度为 280 km/h。如图 4.5。

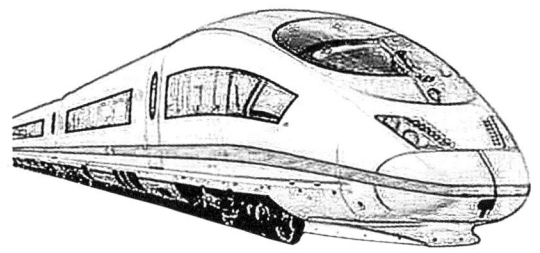

图 4.5　德国 ICE-T 动车组列车

德国高速铁路发展历程不是一帆风顺的,而是经历了许多挫折。特别是 1998 年的高速铁路事故,对德国人打击较大。但正是这次事故,促使德国高速铁路的正式名称为城际特快列车(ICE),ICE 高速铁路系统及列车将德国国内 130 多个大小城市连为一体。

4.1.4　中国高铁的发展史

从掌握高铁技术层面来说,我国是世界上第四个建成且使用高速铁路的国家。2008 年以后,中国在不到 20 年的时间中,在对国外先进高速铁路技术的引进和对既有线路改造的基础上,快速成为世界上高速铁路发展最快、系统技术最全、集成能力最强、运营里程最长、运营速度最高、在建规模最大的国家。中国高速列车如图 4.6。

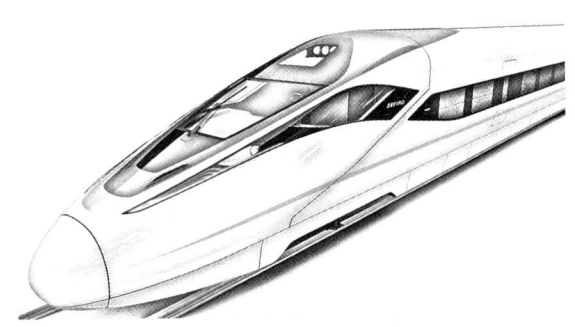

图 4.6　中国高速列车

第一阶段：筹备阶段，1996—2000年。1999年，中国铁道部制定两个目标：一是线路建设，初步形成以北京、上海、广州为中心，连接全国主要城市总里程达16 000 km的全路快速客运网；二是列车提速，要求客运专线旅客列车最高速度达到200 km/h及以上，实现高速铁路、部分繁忙干线客货分线，开展了速度270 km/h高速动车组的研制。这个阶段是属于中国高速铁路发展的筹备阶段。

第二阶段：运营阶段，2000—2008年。2004年1月，国务院通过《中长期铁路网规划》，目标是实现1.2万千米"四纵四横"快速客运专线网。2007年4月18日，全国铁路实施第六次大提速和新的列车运行图，繁忙干线提速区段达到速度200～250 km/h，中国正式进入高速铁路试运营阶段。

第三阶段：发展阶段，2008—2013年。中国进入高速铁路大规模发展时期。2008年8月1日，中国第一条具有完全自主知识产权的高速铁路京津城际铁路通车运营。2009年12月26日，世界上一次建成里程最长、工程类型最复杂、速度350 km/h的京港高铁武广段开通运营。2010年2月6日，世界首条修建在湿陷性黄土地区，连接中国中部和西部，速度350 km/h的郑西高速铁路开通运营。2012年12月1日，世界上第一条地处高寒地区，哈大高铁以冬季200 km/h的"中国速度"行驶在高寒地区，成为一道亮丽的风景线。2013年以来，随着宁杭、杭甬、盘营高铁以及向莆铁路的相继开通，中国高铁总里程达到10 463 km，"四纵"干线基本成型。

第四阶段：成熟阶段，2013年后。到2014年年底，我国大陆高速铁路总营业里程达到16 381 km，再加上我国台湾地区（台）北（高）雄高铁345 km，中国高速铁路总营业里程达到16 726 km。到2015年年底，中国大陆各省高铁运营总里程达到19 915 km，再加上台湾地区（台）北（高）雄高铁345 km，总里程20 260 km。2020年年底，中国高速铁路总营业里程达到3.8万多千米。

4.1.5 其他国家高铁的发展史

除中国、日本、德国、法国等高铁的传统强国外，世界其他各国也在根据自己的国情，不断地发展高速铁路，主要有韩国、西班牙、英国和意大利等国家。高铁随影如图 4.7。

图 4.7　高铁随影

1. 韩国高铁的发展史

韩国高铁（Korea Train Express，KTX）由韩国铁道（Korail）运营，线路总长度为 420 km，总投资金额为 120 亿美元。车辆采用了法国的 TGV 技术，最高速度可达 300 km/h 以上。在 2004 年 12 月 16 日，一组韩制的 HSR-350X 型列车在试验中速度达到 352.4 km/h。跟其他高速铁路列车不同的是，韩国高速列车内有乘客站位。如图 4.8。

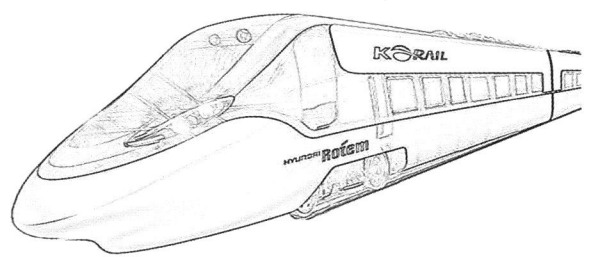

图 4.8　韩国高铁列车

2. 西班牙高铁的发展史

西班牙第一条高速铁路是 1987 年开工建设、1992 年 4 月通车的马德里—塞维利亚高速铁路，全长 471 km。这是按高速列车混跑、客货运列车混运的方案设计的准轨铁路,线路最高速度 300 km/h。运行列车为从法国引进 TGV 高速列车技术的 AVE S100 高速列车,以及从德国引进的 S252 电力机车牵引的 Talgo 200 摆式列车与部分快速货物列车。1995 年,西班牙又开工建设第 2 条高速铁路——马德里—巴塞罗那高速铁路,该线西班牙境内全长 650 km,最终要通到法国边境,总长 850 km,设计速度高达 350 km/h。这条高铁采用加拿大庞巴迪公司与西班牙 Talgo 联合研制的高速列车,以及从德国西门子引进的高速列车。这两种列车的最高速度都可以达到 350 km/h。西班牙既有铁路网是宽轨线路,已建成总运营里程 1 026 km 的 3 条准轨高速铁路,最高运行速度 350 km/h。这些线路上开行 AVE 系列高速列车,如图 4.9。

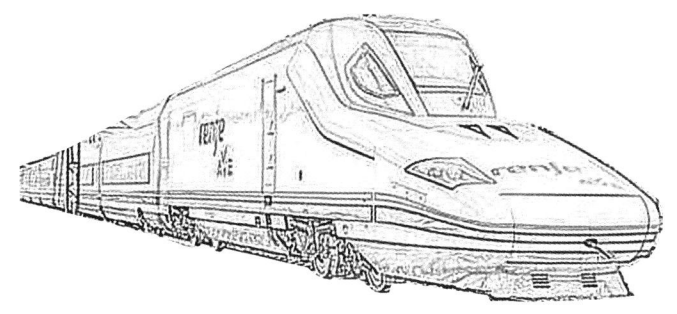

图 4.9 西班牙高铁列车

3. 意大利高铁的发展史

意大利红箭高速列车 Frecciarossa(红色箭头),往返于意大利所有主要城市,如罗马、佛罗伦萨、威尼斯、米兰以及那波利(那不勒斯)等。意大利第一条高速铁路是 1992 年修建的罗马至佛罗伦萨线。1998 年,意大利对米兰—博洛尼亚段 180 km 铁路进行改造升级,车速提高至 300 km/h。2000 年,都灵—博洛尼亚高速铁路完工;2001 年,米兰—威尼斯高速铁路完工;2003 年,米兰—热那亚高速铁路完工。2003 年,意大利高速铁路网全部完工,高速铁路总长度达到 1 525 km。意大利高速铁路采用最新型的 ETR500 高速列车,称之为"意大利欧洲之星"。2009 年 12 月,米兰至佛罗伦萨和罗马至那不勒斯的高速铁路同时建成,与早年通车的佛罗伦萨至罗马的高速铁路，共同构筑了贯穿意大利南北的高速铁路新线，红箭高速列车可直达那不勒斯，最远甚至可以开到滨海的旅游城市萨莱诺。意大利高速列车如图 4.10。

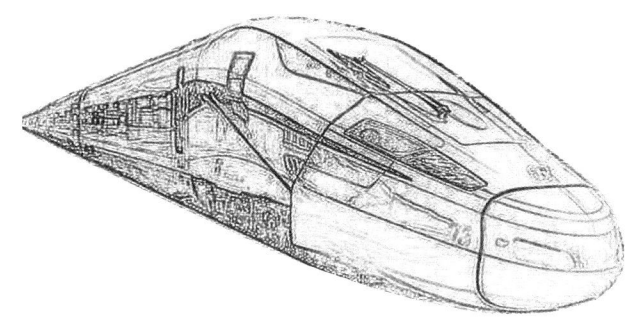

图 4.10　意大利高铁高速列车

红箭高速列车由意大利国家铁路公司所运营，速度可高达 360 km/h。列车先进安全，在意大利非常大众化，每年有过百万名旅客乘坐列车。意大利近年来把速度 300 km/h 的 ETR500 和它所乘的红箭高速列车作为主打产品，它的车速也代表意大利高铁成绩。

4. 土耳其高铁的发展史

土耳其自 2003 年起开始建设高速铁路。第一条高铁从土耳其最大的都市伊斯坦布尔经过埃斯基谢希尔到首都安卡拉，即伊安高铁，全长 533 km，全程旅行时间从 6~7 h 缩短至 3 h 10 min。另一条线，安卡拉至科尼亚（Konya）的线路于 2006 年开工。全程旅行时间压缩到 70 min。伊安高铁又称安伊高铁，2005 年由中国铁建股份有限公司牵头建设，中标路段全长 158 km，设计速度 250 km/h。这是中国企业在海外组织承揽实施的第一个电气化高速铁路项目，对推动中国高铁"走出去"具有重要战略意义。2014 年 1 月 17 日，安卡拉至伊斯坦布尔高速铁路二期主体工程完工；7 月 25 日，全线建成通车。土耳其高速列车如图 4.11。

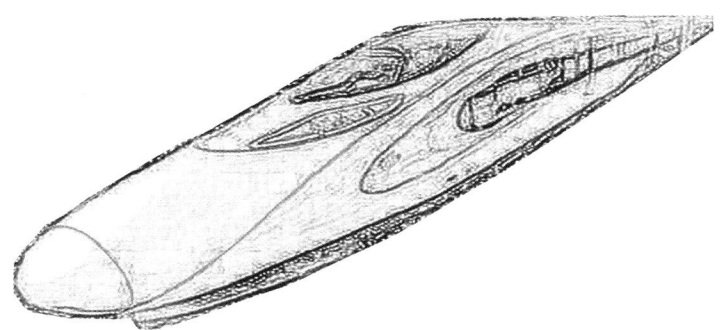

图 4.11　土耳其高铁高速列车

4.2　高铁的"今天之魅力"

目前，高速铁路技术发展最成熟的四个国家是德国、法国、日本和中国。法国高速铁路列车以其出色的电力控制和智能保护系统成为世界上最受欢迎的高速铁路技术，其中所有已经开通运营的高速铁路的国家中有多个国家使用法国的高速铁路列车技术。日本是世界上第一个开展研究高速铁路的国家，新干线技术也被称为全世界最安全的高速铁路技术。中国是高速铁路起步最晚，但是却是发展最迅速的国家。中国通过引入日本、德国、法国等高速铁路技术，并经过集成创新设计了CRH1、CRH2、CRH3、CRH5、CRH380等五个型号的高速铁路列车，成为世界上高速铁路运营里程最长、运营速度最快、线路网路规模最大的国家。如图4.12。

图 4.12　中国高铁高速列车

4.2.1 中国高铁之现状

中国改变了高铁这种交通工具的命运,使它由一个小众的交通工具走向普及。2016年年底,中国高速铁路总营业里程达到2.2万千米,建成了"四纵四横"的客运专线以及城际客运系统,加连接所有省会城市和50万人口以上城市,到2020年已覆盖全国90%以上人口。如图4.13。

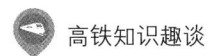

图4.13 中国高速铁路线路示意图

(1)"四纵四横"客运专线。中国"四纵四横"客运专线是指连接直辖市、省会城市及大中城市的4条纵贯南北和4条横贯东西的长途客运高速铁路。目前,"四纵四横"客运专线将达到12 000 km。客运专线速度达300 km/h以上。"四纵四横"客运专线,如表4.1所示。

表 4.1 中国"四纵四横"客运专线

四纵客运专线	第一纵	京沪客运专线	京沪高速铁路
	第二纵	京港客运专线	京石客运专线
			武广客运专线
	第三纵	京哈客运专线	京沈客运专线
			盘营客运专线
	第四纵	杭福深客运专线	杭甬客运专线
			温福铁路
			厦深铁路
四横客运专线	第一横	徐兰客运专线	郑徐客运专线
			西宝客运专线
	第二横	沪昆客运专线	沪杭城际高速铁路
			长昆客运专线
	第三横	青太客运专线	胶济客运专线
			石太客运专线
	第四横	沪汉蓉客运专线	沪宁城际
			合武客运专线
			宜万铁路
			遂渝铁路二线

中国高铁技术发展方兴未艾，未来更能影响全球。不是因为中国是后发者有技术集成的优势，而是因为中国拥有最庞大的高铁网络（超过世界总里程60%）、最复杂的高铁运行环境、最庞大的高铁乘客数量，这样的客观实践必将产生一流的高铁标准，催生先进的高铁技术。图4.14为青岛南方列车试验列车。

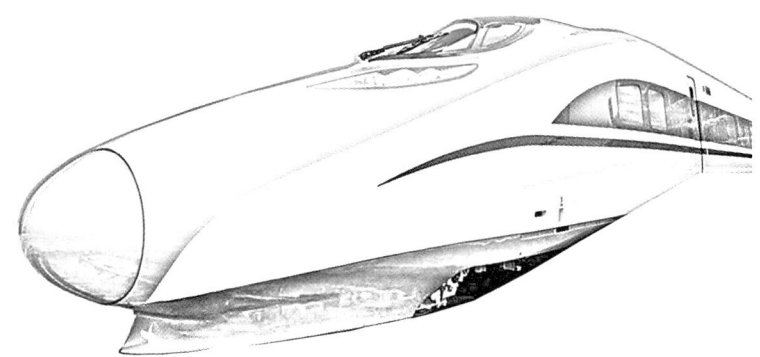

图 4.14 青岛南方列车试验列车

2015年，中国成为世界上第一个有高铁网络的国家，即"四纵四横"高铁网络。目前，中国的高铁网至少包括了5种类型的线路："四纵四横"客运专线；城际客运系统；经提速改造后的既有线、完善路网布局；西部开发性新线；海峡西岸铁路。见表4.2。

表 4.2 中国高速铁路运营线路

状态	线路名称		运营里程/km	开通日期	运营速度/（km/h）	起点站	终点站
正在运营	纵向	京沪线	1 318	2011-06-30	300	北京南站	上海虹桥站
		合蚌线	131	2012-10-16	300	合肥站	蚌埠南站
		京石线	281	2012-12-26	310	北京西站	新石家庄站
		石武线	841	2012-12-26	300	新石家庄站	武汉站
		武广线	1 061	2009-12-29	300	武汉站	广州南站
		广深港线	142	2011-12-26	250	广州南站	西九龙站
		杭甬线	150	2013-07-01	300	杭州东	宁波
		涌台温线	182	2009-09-28	250	宁波站	温州南站
		温福线	298	2009-07-01	250	温州南站	福州南站
		福夏线	273	2010-04-26	200	福州南站	厦门北站
		厦深线	502	2013-12-28	200	厦门北站	深圳北站
		哈大线	921	2012-12-01	300/200	哈尔滨西站	大连站
		盘营线	89	2013-09-12	300/200	盘锦北站	营口站
		宁杭线	249	2013-07-01	310	南京	杭州
		津秦线	261	2013-12-01	300	天津西站	秦皇岛站

续表

状态	线路名称		运营里程/km	开通日期	运营速度/(km/h)	起点站	终点站
正在运营	纵向	厦深铁路	502	2013-12-28	200	厦门北	深圳北
		广深港线	142（全段）	2011-12-26	310	广州南	深圳北
		贵广线	857	2014-12-26	250	贵阳北	广州南
	横向	郑西线	505	2010-02-06	300	郑州东站	西安北站
		西宝线	138	2013-12-28	250	西安北站	宝鸡南
		沪杭线	169	2010-10-26	310	上海虹桥站	杭州东站
		杭长线	927	2014-12-10	300	杭州东站	长沙南站
		长昆线（长贵段）	952	2015-06-18	300	长沙南站	贵阳北站
		胶济线	363	2008-12-21	200	青岛站	济南站
		石太线	225	2009-01-01	200	太原站	石家庄北站
		合宁线	166	2008-04-18	200	合肥站	南京南站
		沪宁线	301	2010-07-01	260	上海站	南京南站
		合武线	359	2009-04-01	200	合肥站	武汉汉口站
		汉宜线	292	2012-07-01	200	武汉汉口站	宜昌东站
		宜万线	377	2010-12-22	200	宜昌东站	万州站
		渝利线	264	2012-12-31	200	重庆北站	利川站
		遂渝线	131	2012-12-31	200	遂宁站	北碚站
		达成线	374	2009-07-07	200	三汇镇站	八里站
		南广线	577	2014-12-26	200	南宁东	广州南
		兰新二线	1 776	2014-12-26	200	兰州西站	乌鲁木齐站
	环型	海南东环线	308	2010-12-30	200	海口东站	三亚站

注：此表数据不含台湾地区。

表4.2中，"四横四纵"高铁线路的开通改变了中国原有的块状中心辐射型城市群布局，形成带状城市群。而高铁沿线1.5～2 h可达区域为经济影响区域。随着高铁逐步提速，要素流动的范围也将逐步扩大，最终形成广覆盖的网状城市群结构。中国高铁网络已经和地铁网络一样出现了横向交错的排列，从南到北、从东到西，无一例外被高铁网覆盖。整个中国被高铁连成一体，像一个大城市一样，城市圈与城市圈之间的整合在加速。如图4.15。

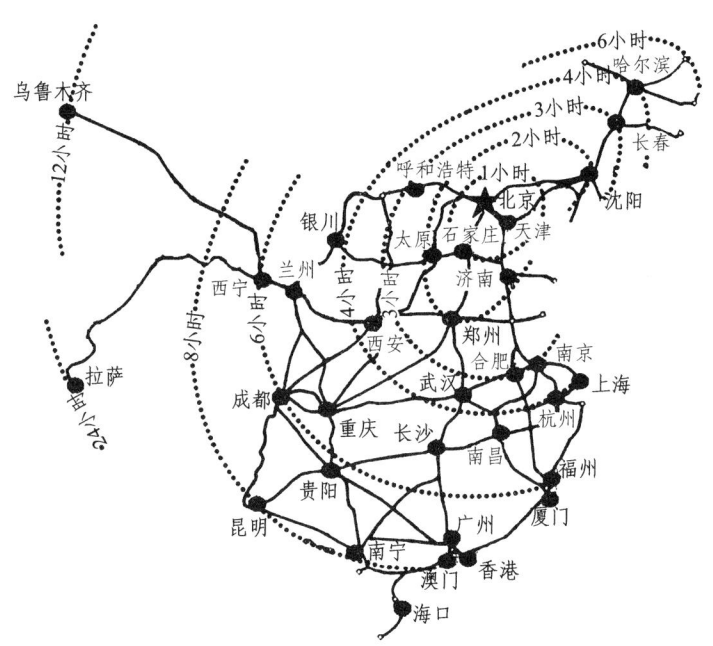

图 4.15 以北京为中心的高铁网络

（2）"五纵七横八联"客运专线。中国正在规划建设中的线路有 11 条，总里程 10 200 km，2020 年形成北至哈尔滨，南至香港西九龙，东至上海，西至乌鲁木齐的"五纵七横"格局。"五纵七横八联"线路如表 4.3 所示。

表 4.3 中国"五纵七横八联"线路

五纵	一纵	哈沪线	哈尔滨—扶余—长春—四平南—沈阳—营口—大连—烟台—青岛—日照—连云港（海州）—盐城—南通—上海
	二纵	京沪线	北京—天津—沧州—德州—济南西—济宁—徐州—蚌埠—南京—无锡—上海—浦东机场
	三纵	京港线	北京—保定—石家庄—邯郸北—安阳南—郑州—漯河—信阳北—武汉—岳阳—长沙南—衡阳—郴州—韶关—广州—深圳—九龙
	四纵	集昆线	集宁—大同—朔州—忻州北—太原南—介休—临汾—韩城—西安—佛坪—汉中—宁强—广元—绵阳—成都—乐山—冕宁—西昌—攀枝花—昆明
	五纵	西湛线	西安—安康—万源—达州—华蓥—重庆—遵义—贵阳—都匀—独山—南丹—河池西—马山北—南宁—钦州—北海—湛江

续表

七横	一横 沈兰线	沈阳—盘锦—锦州—秦皇岛—唐山—北京—张家口—集宁—呼市—包头—杭锦—乌海—石嘴山—银川—青铜峡—中卫—白银—兰州
	二横 青银线	青岛—潍坊—淄博—济南西—武城—衡水—石家庄—阳泉—太原南—吕梁（离石）—绥德—靖边—鄂托克—银川
	三横 盐西线	盐城—淮安—宿迁—徐州西—商丘—开封东—郑州—洛阳—三门峡—华阴—西安—宝鸡—天水—定西—兰州—红古—西宁
	四横 沪蓉线	上海—南京—合肥—六安—麻城—武汉—潜江—荆州—宜昌—水布垭（或五峰）—恩施—黔江—涪陵西—重庆—遂宁—成都。该线向东南，可经栗阳—湖州—杭州—绍兴—宁波；向东可沿江北，经扬州、泰州至南通
	五横 沪昆线	上海—嘉兴—杭州—金华—衢州—上饶—鹰潭—南昌南—新余—萍乡—长沙南—娄底—邵阳—洞口北—怀化—玉屏—凯里—都匀—贵阳—安顺—关岭—盘县—曲靖—昆明
	六横 沪南线	上海—宁波—台州—温州—福鼎—宁德—福州—浦田—泉州—厦门（同安）—漳州南—云宵—汕头—汕尾—惠州—广州—肇庆—云浮—郁南—梧州—桂平东—贵港—南宁
	七横 杭广线	杭州—金华—遂昌—龙泉—松溪—建瓯—南平—沙县—三明—永安—漳平—龙岩—永定—梅州—广州
八联	一联 津唐线	天津—唐山
	二联 开河线	开封东—菏泽—东平—济南西—滨州—东营北—河口
	三联 宁南线	南京—扬州—泰州—南通
	四联 宁宁线	南京—栗阳—湖州—杭州—绍兴—宁波
	五联 金温线	金华—丽水—温州
	六联 汉福线	武汉—黄石西—武穴（江南）—九江（县）—德安—南昌南—抚州—邵武—南平—福州
	七联 南厦线	南平—三明—大田—厦门（同安）
	八联 衡南线	衡阳—祁东—永州—全州—桂林—柳州—来宾—宾阳—南宁

（3）京沪高铁。京沪高速铁路，又叫京沪客运专线，作为京沪快速客运通道，是中国"四纵四横"客运专线网的其中"一纵"，也是中国高铁建设中投资规模大、技术水平高的一项工程（图4.16）。2008年4月18日正

式开工，2011 年 6 月 30 日通车。线路由北京南站至上海虹桥站，全长 1 318 km，纵贯北京、天津、上海等三大直辖市和冀、鲁、皖、苏等四省，连接环渤海和长江三角洲两大经济区。总投资约 2 209 亿元，设 23 个车站。基础设施设计速度为 380 km/h，目前运营速度降低为 300 km/h。北京到上海的 G1 最快只需 4 h 48 min。2014 年，京沪高铁运送旅客超过 1 亿人次，比上年同期增长 27%，实现利润约 12 亿元人民币，系首次实现盈利。京沪高铁运营 4 年间运送旅客达 3.3 亿人。

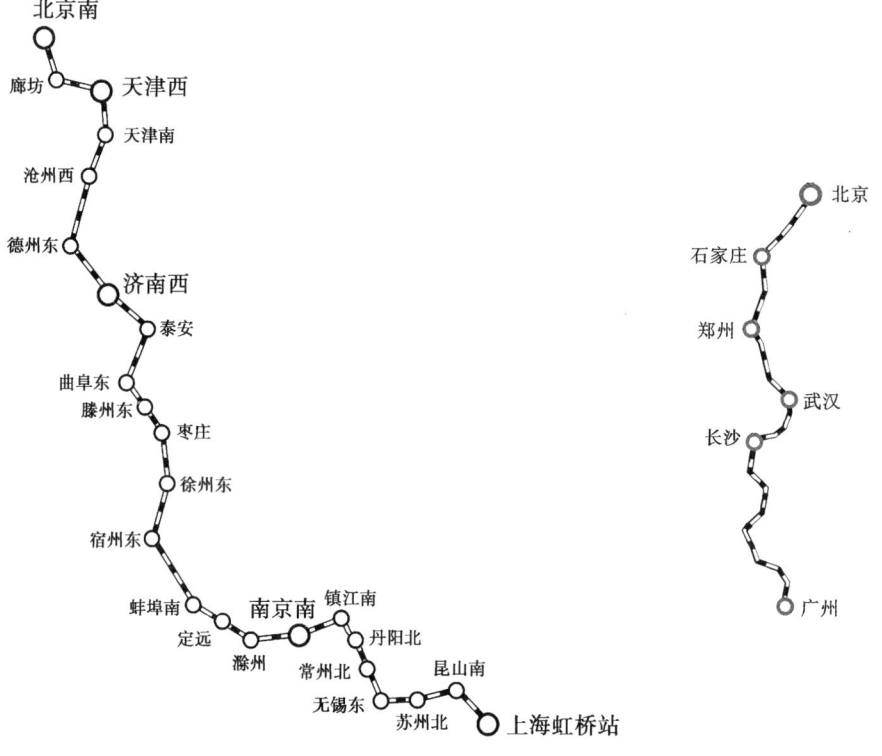

图 4.16　京沪高铁线　　　　图 4.17　京广高铁线

（4）京广高铁。京广高速铁路，又称京广客运专线，是中国第二条高速铁路，世界上运营里程最长的一条高速铁路（图 4.17）。京广高铁由京石高铁、石武高铁、武广高铁三段组成。始于北京西站，经过北京、河北、河南、湖北、湖南、广东等 6 省（直辖市）到达广州南站，共 36 个车站，连接环渤海经济圈、中原经济区、武汉都市圈、长株潭城市群、珠三角经济区，全长 2 298 km，设计速度 350 km/h，现运营速度 310 km/h。京广高铁北京至郑州段于 2012 年 12 月 26 日正式开通运营，与已经开通运营的郑州至武汉段、武汉至广州段连接，实现世界上运营里程最长的高速铁路，北京至广州最快的一趟车全程只需 8 h。

（5）台湾高铁。中国台湾高速铁路是连接台湾台北市与高雄市的高速铁路系统，贯通台湾西海岸。1998 年，台湾启动高速铁路兴建计划；2007 年 1 月，板桥至左营段通车运营，3 月台北至板桥段通车运营；2016 年 7 月，南港至台北段通车运营。截至 2021 年 8 月，台湾高铁由南港站至左营站，途经台北、板桥、桃园、新竹、苗栗、台中、彰化、云林、嘉义、台南共 12 个车站，全长约 350 km。高铁采用日本新干线技术，最高运营速度 315 km/h。它的开通使往返台北高雄两市的时间缩短为 1 个半小时。台湾高铁自通车以来，因为它的快捷、舒适，已经成为台湾西部民众往来的主要交通工具。如图 4.18。

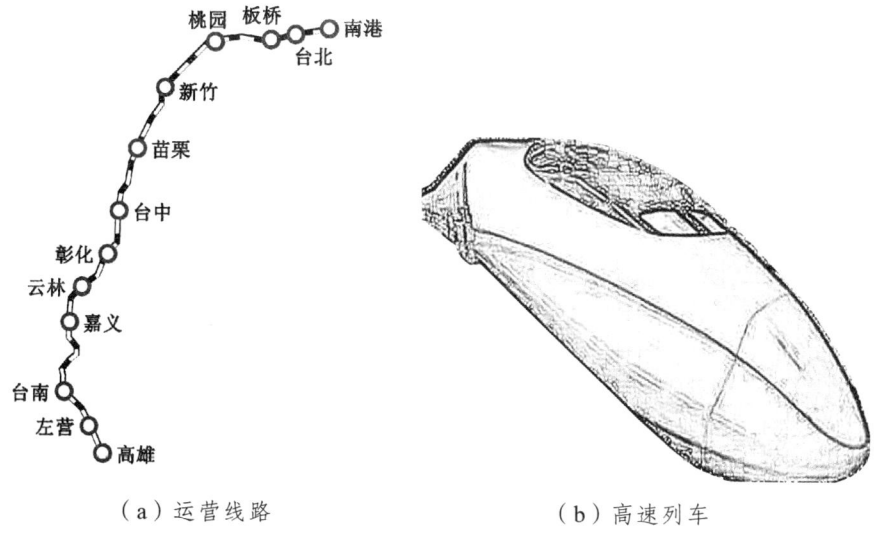

（a）运营线路　　　　（b）高速列车

图 4.18　中国台湾高铁

4.2.2 日本高铁之现状

日本是高铁大国,也是高铁强国,新干线是日本高速铁路系统的统称。目前,日本开通的新干线共有 8 条,总里程 2 673.7 km,排名全球第二。8 条新干线分别为东海道新干线、山阳新干线、东北新干线、上越新干线、长野新干线、九州新干线、秋田新干线、山形新干线。日本新干线规划线路总里程超过 5 000 km,以四国新干线、四国横断新干线、中国横断新干线、九州横断新干线等为主体。如图 4.19 和表 4.4。

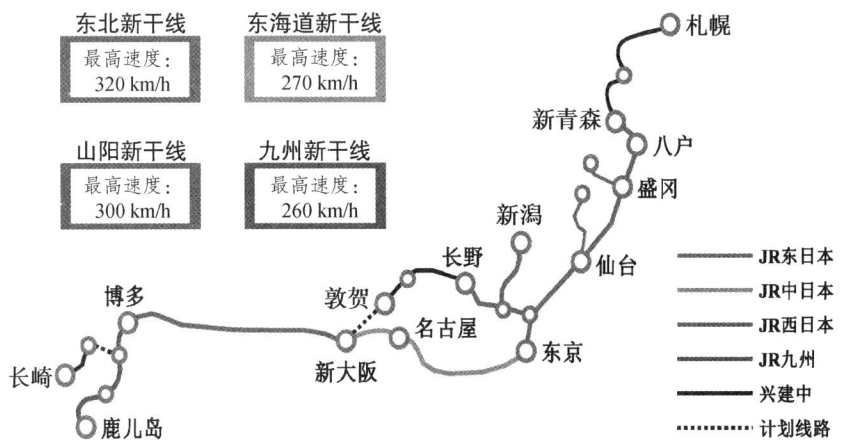

图 4.19 日本高速铁路网络图

表 4.4 日本高速铁路线路综合现状

状 态	线路名称	起点站	终点站	里程/km	运营速度/(km/h)
正在运营	东海道新干线	东京站	新大阪	515.4	300
	山阳新干线	新大阪站	博多站	553.7	300
	东北新干线	东京站	八户站	631.9	275
	上越新干线	大宫站	新潟站	269.5	240
	长野新干线	高崎站	长野站	117.4	275
	九州新干线	新八代站	鹿儿岛中央站	137.6	260
	秋田新干线	盛冈站	秋田站	127.3	130
	山形新干线	福岛站	新庄站	148.6	130

续表

状 态	线路名称	起点站	终点站	里程/km	运营速度/(km/h)
正在修建	东北延伸段	八户站	新青森站	81.2	约300
	北海道新干线	新青森站	北海道站	148.8	约300
	北陆新干线	长野站	金泽站	220.6	约300
	九州新干线	博多站	新八代站	129.9	约300
规划建设	九州延伸段	新鸟栖站	长崎站	129.9	约300
	陆新延伸段	金泽站	新大阪	254	约300
	北海道延伸段	新函馆站	札幌站	211.5	约300
	四国新干线	新大阪站	松山市	480	约300
	四国横断新干线	冈山站	高知市	待定	约300
	中国横断新干线	冈山站	松江市	待定	约300
	九州横断新干线	大分市	熊本市	待定	约300
	山阴新干线	新大阪站	下关市	待定	约300
	羽越新干线	富山市	新青森站	560	约300
	奥羽新干线	山形市	秋田市	270	约300
	北陆中京新干线	敦贺市	名古屋市	50	约300
	中央新干线	东京都	大阪市	待定	约300

日本新干线技术成熟、运行稳定、安全性较高，被称为全球最安全的高速铁路之一，也是世界上行驶过程最平稳的列车。日本新干线以"子弹列车"闻名世界，除了迷你新干线的路段外，列车运行车速可达到270 km/h 或300 km/h。速度最快的列车"隼"号属于最新型E5型列车，以车鼻长15 m 为特点，最高运行速度可达320 km/h，领先日本其他列车。

4.2.3 法国高铁之现状

法国高速铁路系统统称法国TGV。法国拥有欧洲最大的高速铁路运输网，连接国内150多座城市，以及比利时、德国、西班牙、瑞士和意大利等国。TGV列车属于载客列车，主要用于运送乘客。法国TGV是继日本新干线之后世界第二个商业运行的高速铁路系统。

高铁知识趣谈

法国对于高速铁路的发展贡献巨大，1971 年法国政府批准修建 TGV 东南线巴黎至里昂段，全长 409 km。1976 年 10 月开工，1981 年 9 月全线建成，运营速度为 270 km/h。该线开通后客运量迅速增长，经济效益良好。TGV 东南线的成功运营，证明高速铁路是一种具有竞争力的现代交通工具。此后，法国建成 TGV 大西洋高速线、TGV 北方线、TGV 东南延伸线、TGV 巴黎联络线和 TGV 地中海线、TGV 东欧线等，其中 TGV 地中海线运营速度为 300 km/h，TGV 东欧线则达到 320 km/h。如图 4.20。

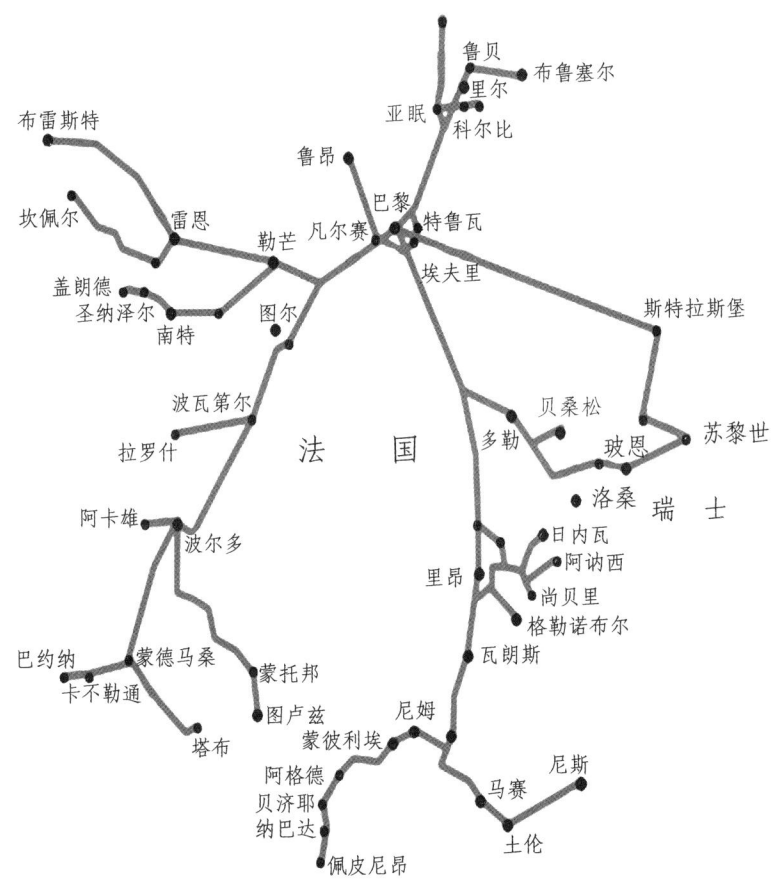

图 4.20 法国高速铁路网络图

· 第4章 高铁的发展历程 ·

法国在高速铁路技术方面有独到之处，TGV采用动力集中方式。由于在修建高速铁路之初，就确定 TGV 高速列车运行的技术政策和组织模式，所以目前法国高速铁路虽然只有 1 892.27 km，但 TGV 高速列车的通行范围已达 5 921 km，覆盖大半个法国。TGV 高速列车如图 4.21。

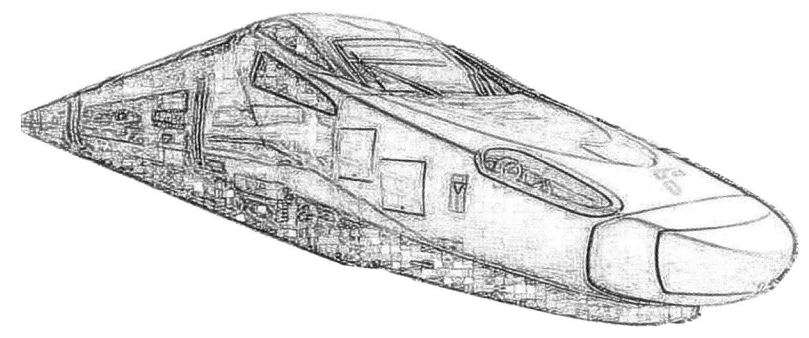

图 4.21　法国 TGV 高速列车

4.2.4　德国高铁之现状

ICE 是德国的高速铁路系统及高速铁路专用列车系列。在 ICE 刚发展的时候，名字叫作 Inter city perimental train，由西门子为首的开发团队设计制造，德国国铁所营运。德国的高速铁路技术储备不亚于法国，1988年他们电力牵引的行车试验速度突破 400 km/h 大关，达到 406.9 km/h。1991 年，首个 ICE 列车正式运营，开通了从汉诺威直达维尔茨堡的铁路线，全长 327 km。第二条是 1991 年 6 月建成通车的曼海姆至斯图加特线，全长 99 km。1998 年 9 月，汉诺威至柏林线正式启用并投入运营，全长 258 km。目前，德国高速铁路总里程达 1 287.48 km。如图 4.22。

139

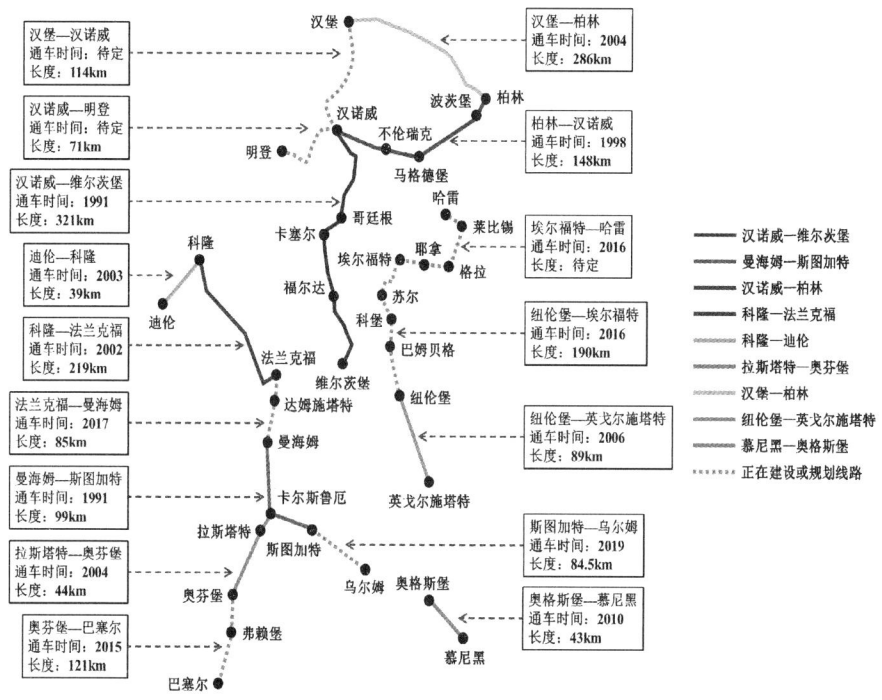

图 4.22 德国高速铁路网络图

虽然德国在全面掌握高速铁路技术方面比日、法两国要晚，但是其独特的技术已经能与日法两国相媲美，与法国不同的是德国高铁采用动力分散型。作为一向注重节能环保的国家，德国的高铁 ICE 也承继了这一理念。据德国联邦铁路公司计算，德国第三代和第四代高速列车比汽车和飞机更节能，ICE3 系列后的列车在载客率为 50% 的情况下，每人每百千米消耗的能源不到 2 L。以汉堡到柏林为例，乘火车需要 1.5 h，比汽车快 1 倍。火车在半满员的情况下，每位乘客整个旅程消耗的能源平均不到 8 L 汽油。而汽车平均需要 27 L 以上。所以，在高速公路和民用航空高度发达的德国，主要是从整个国家的能源战略高度考虑，德国政府还是斥巨资兴建高铁。图 4.23 为 ICE 高速列车。

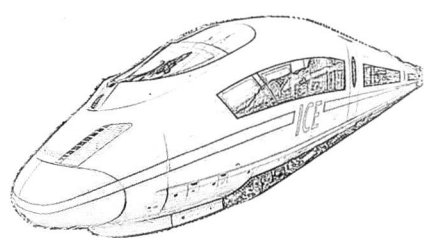

图 4.23　德国 ICE 高速列车

4.2.5　西班牙高铁之现状

西班牙高速铁道（西班牙语 Alta Velocidad Española，简称为 AVE，简写的西班牙语意思为鸟），由西班牙国家铁路来营运。西班牙 2 056 km 的高速铁路里程排名欧洲第一，但是西班牙的高铁技术研发弱于日本、法国、德国等高铁大国。西班牙高铁主要采用法国 TGV 技术。1992 年 4 月，西班牙开通了从马德里至塞维利亚的高速铁路，赶上了世界高速运输的发展步伐。西班牙高速列车最高速度达 300 km/h。AVE 还创造了 1 天客运量达到 12 338 人次的纪录。西班牙高速铁路网络如图 4.24。

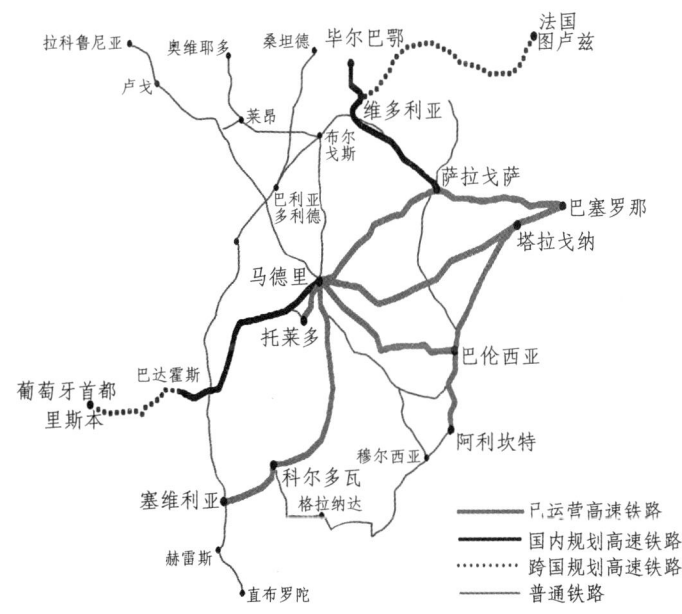

图 4.24　西班牙高速铁路网络图

西班牙高铁的第一条线路是从马德里到塞维利亚。这条线路至今无法被超越的一点是，只要列车晚到超过 5 min，铁路局便会向乘客全额赔款。根据西班牙公共工程部推出的交通基建策略计划，当时预计到 2020 年年底，西班牙将设有 10 000 km 高速铁路，并设有数个连接点，接驳法国及葡萄牙境内高速铁路。此计划是目前全欧盟规模最大的高速铁路发展计划。西班牙 AVE 子弹列车如图 4.25。

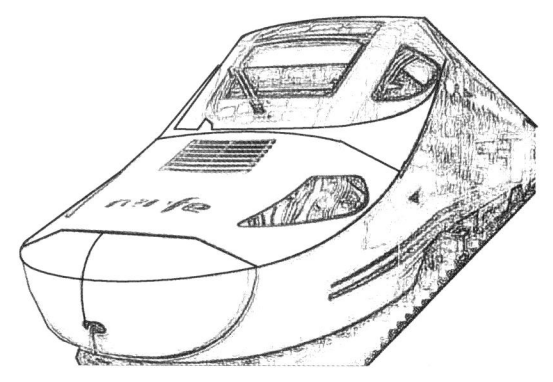

图 4.25　西班牙 AVE 子弹列车

4.2.6　英国高铁之现状

英国是世界铁路的诞生地，但是英国没有严格意义上的高铁，仅有一段"欧洲之星"严格意义上只能算法国北部高铁的延长线，里程不足 100 km。"欧洲之星"是一条连接英国伦敦圣潘可拉斯车站与法国巴黎（北站）、里尔以及比利时布鲁塞尔（南站）的高速铁路。英国高速铁路如图 4.26。

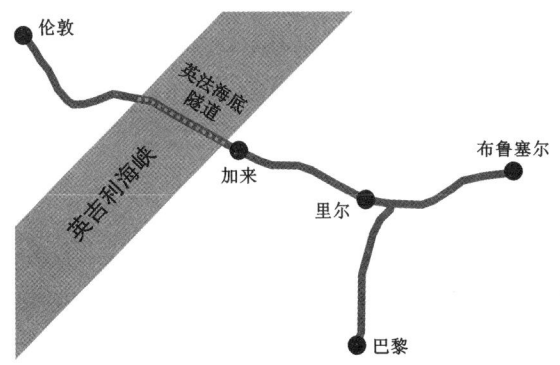

图 4.26　英国高速铁路

英国连接海底隧道的"高速铁路 1 号线"的建成,使"欧洲之星"能够以 300 km/h 的速度全程高速行驶连接英国和欧洲大陆,标志着英国正式进入欧洲高速铁路俱乐部。如图 4.27。

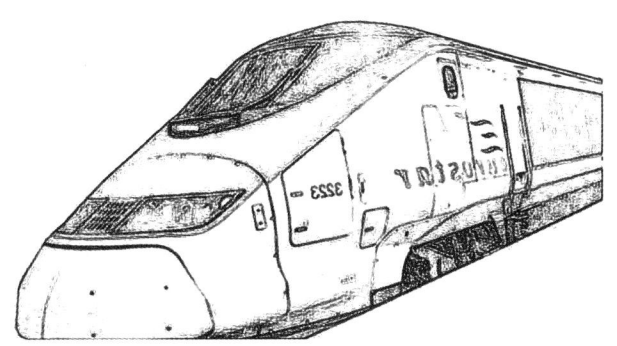

图 4.27　英国"欧洲之星"高速列车

4.2.7　意大利高铁之现状

欧洲高速铁路一般以法国和德国为中心,其次是西班牙和比利时。但是,随着意大利"T"字形高速铁路网的建成,意大利也将成为欧洲高铁网络组成国中最重要的国家之一(图 4.28)。1998 年,意大利对米兰—博洛尼亚段 180 km 铁路进行改造升级,车速提高至 300 km/h。目前,意大利高速铁路里程共计 1 525 km。意大利高速铁路采用最新型的 ETR500 高速列车,称之为"意大利欧洲之星"(图 4.29)。

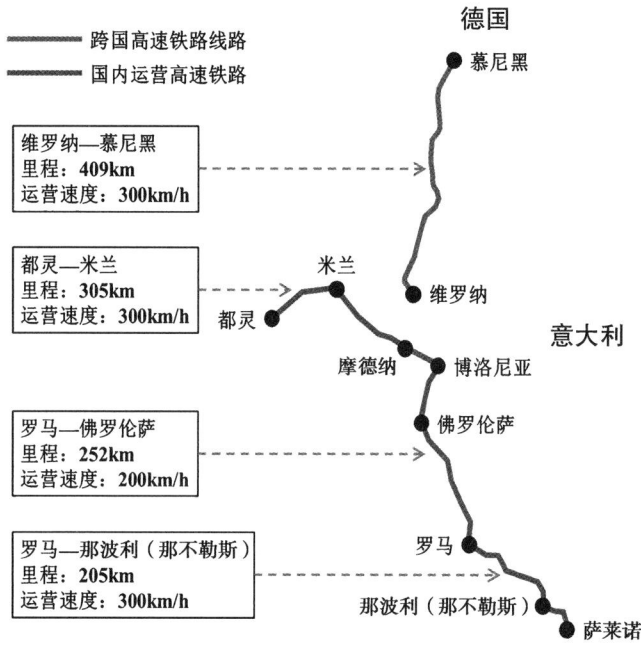

图 4.28 意大利高速铁路网络图

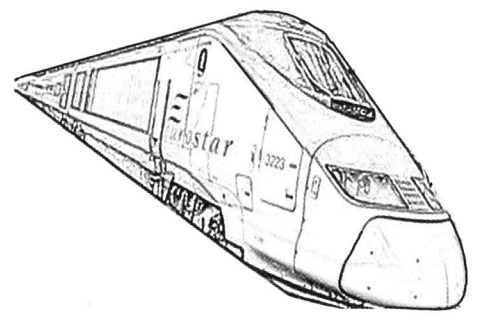

图 4.29 "意大利欧洲之星"高速列车

在欧洲达成国际共识的重要交通走廊有：① 连接南北向的第一交通走廊的柏林—巴勒莫，其贯穿意大利南北；② 连接东西向的第五交通走廊的里斯本—基辅，穿过都灵—米兰—威尼斯；③ 连接欧洲主要港口的鹿特丹和热那亚的交通走廊，通过意大利波罗纳—巴里的第八交通走廊。因此，欧洲东西和南北的重要交通走廊都在意大利北部交叉汇合，意大利高铁线路成为欧洲高铁网的主要架构。

4.2.8 韩国高铁之现状

韩国高速铁路KTX（Korea Train Express）始建于1994年。目前，韩国高速铁路由韩国铁道（Korail）运营，线路总长度为420 km，总投资金额为120亿美元，车辆采用法国的TGV技术，最高速度可达300 km/h以上。韩国高速铁路网如图4.30。

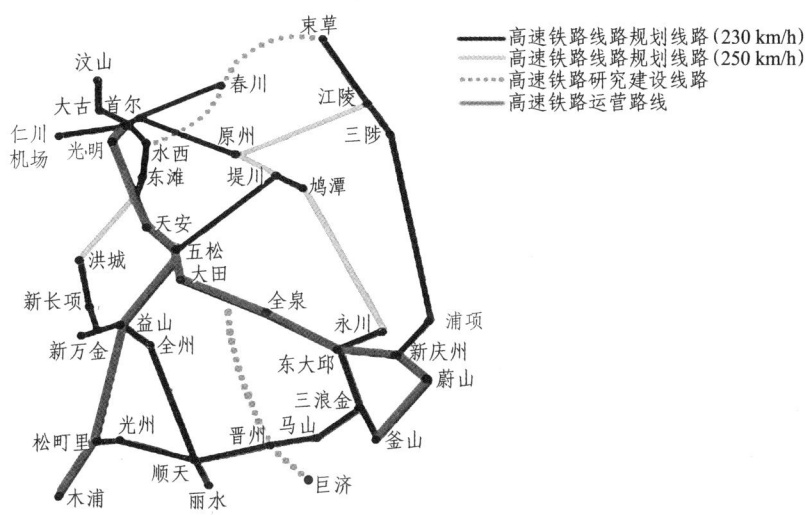

图4.30 韩国高速铁路网络图

韩国高速铁路规划线路按照线路条件分为快速和超高速两类，快速是指列车运营速度定为230 km/h的线路，超高速是指列车运营速度定为250 km/h的线路。目前韩国规划原州—江陵、原州—堤川、鸠潭—永川、东滩—洪城为超高速线路，其余均为快速线路。韩国高速列车如图4.31。

图4.31 韩国高速铁路列车

4.3 高铁的"明天之愿景"

随着世界各国人民交流增多,生活水平提高,大家都想去世界各地旅游、交流。但乘坐汽车即便是走高速公路也是很累的,航海时间又太长,飞机要换航班而且经常延误,看来这些交通工具都不太理想。而随着高铁的建设和普及,乘坐高铁旅行是最方便、快捷、理想的。可以设想,世界高铁全部连通后,可开辟最方便快捷的国际通道,使得国际接轨,全球连通,实现全球一体化。如图4.32。

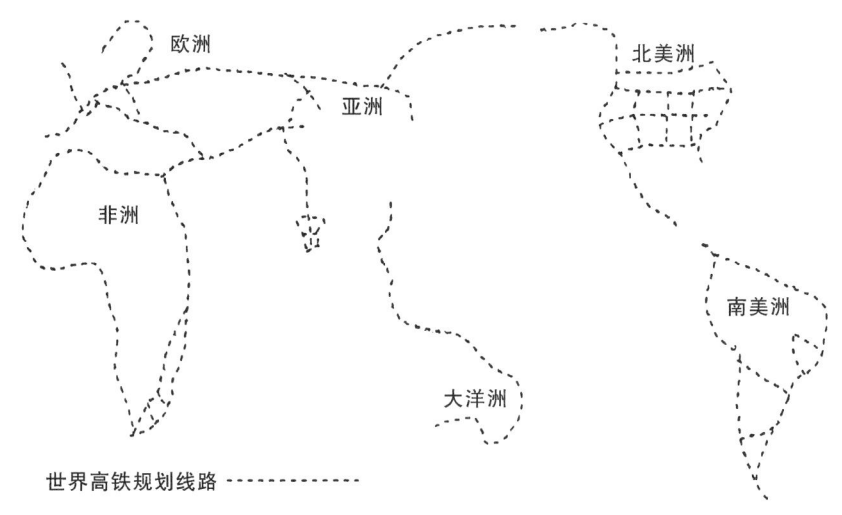

图 4.32 世界各洲高铁规划示意图

鉴于高铁具有许多可观的经济利益和不可估量的政治影响,世界许多的国家纷纷投入高速铁路的建设进程中,到 2020 年 12 月 31 日,全世界共有德国、法国、意大利、西班牙、英国、日本、中国、韩国、美国、巴西等 20 多个国家开通了高速铁路线路,并且还有俄罗斯、印度两个国家正处于规划和筹建高速铁路阶段。

4.3.1 欧洲高铁之愿景

欧洲全称欧罗巴洲，位于东半球西北部，欧洲北、西两面分别濒临北冰洋和大西洋，东南隔乌拉尔山脉与亚洲相邻，南隔地中海与非洲相望。20世纪中期，欧洲积极推进一体化，规划了高速公路网和普速铁路网。1994年欧洲委员会在德国召开会议，决定实施新建和扩建泛欧交通网的决议，包括建设欧洲高铁网络。特别是1998年国际铁盟开始组织研究欧洲高速路网进一步的规划，并要求2020年形成全欧洲高速铁路网。如图4.33。

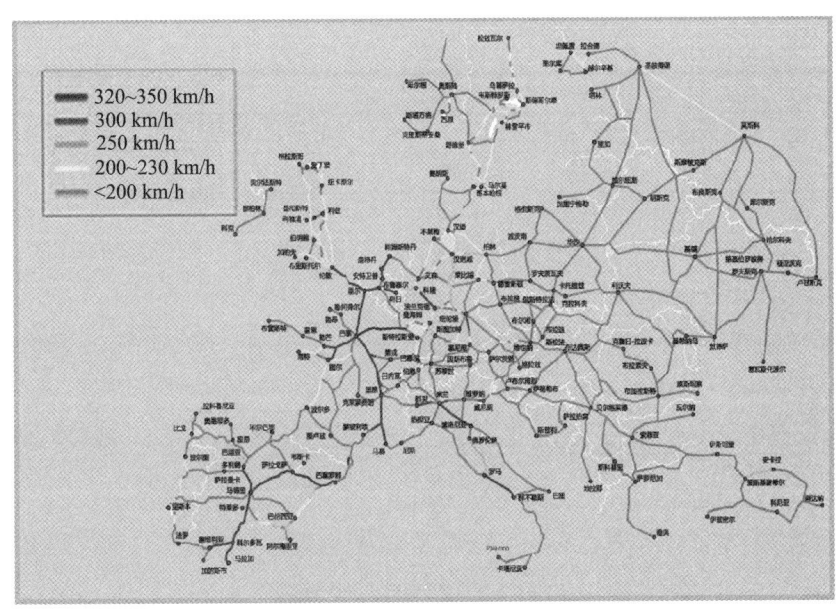

图4.33 欧洲高铁网络示意图

欧洲高铁最集中的是西部发达国家，除自己国家已建成了高铁网，就考虑各国之间的连接。同时考虑北欧三国，高铁连接哥本哈根（丹麦）、赫尔辛基（芬兰）、奥斯陆（挪威）。另外，条件较好的国家如波兰、罗马尼亚等也准备建设高铁。其中全欧洲的10条高速铁路，如表4.5所示。

1. 欧非高铁线路之愿景

非洲各国有了高铁后可考虑西班牙高铁通过直布罗陀海峡海底隧道与非洲连接，如图4.34。

表 4.5　欧洲 10 条高速铁路线路

序号	高速铁路线路
1	赫尔辛基—塔林—里加—维尔纽斯—华沙（格但斯克）
2	柏林—波兹南—华沙—明斯克—莫斯科—下诺夫哥罗德（向东可联结西伯利亚大铁路）
3	柏林（德累斯顿）—卡托维斯—基辅
4	纽伦堡（德累斯顿）—布拉格—布拉迪斯拉伐—布达佩斯—布加勒斯特—康斯坦丁（伊斯坦布尔）
5	威尼斯—柯泊—里基加—布达佩斯—乌兹格罗德—伏尔伏
6	格但斯克—波兹南—卡托维斯—维也纳
7	维也纳—布达佩斯—贝尔格莱德—布加勒斯特—敖德萨
8	地拉那—斯柯布基—索非亚—莱伐尔那
9	赫尔辛基—圣彼得堡—明斯克—加里宁格勒—基辅—亚历山大港—敖德萨
10	萨尔茨堡—萨格勒布—贝尔格莱德—索非亚—雅典

图 4.34　欧非高铁网络示意图

2. 欧亚高铁线路之愿景

欧洲东部俄罗斯也考虑建高铁,除莫斯科南北两方向至圣彼得堡和伏尔加格勒,向西连接白俄罗斯明斯克、波兰华沙至德国柏林;向东考虑与中国北京连接,走西伯利亚至满洲里到北京或走二连浩特至北京,也可走哈萨克斯坦至乌鲁木齐。如图 4.35。

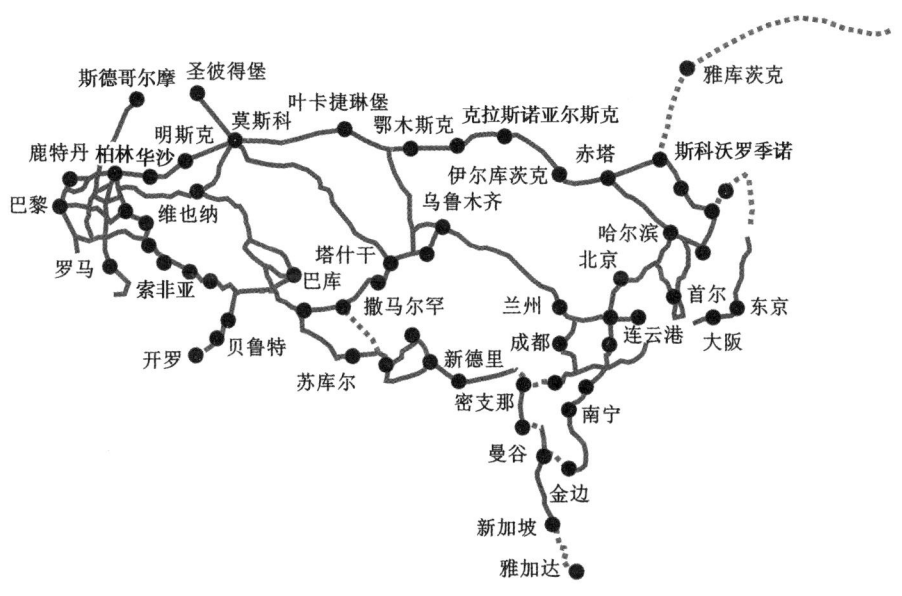

图 4.35 欧亚高铁网络示意图

3. 欧亚美非高铁线路之愿景

远期西伯利亚直达白令海峡连接美国,阿拉斯加经加拿大至美国乘坐高铁从北京到美国仅用 2 天的时间,再经墨西哥至南美洲到智利、巴西等国,如图 4.36。

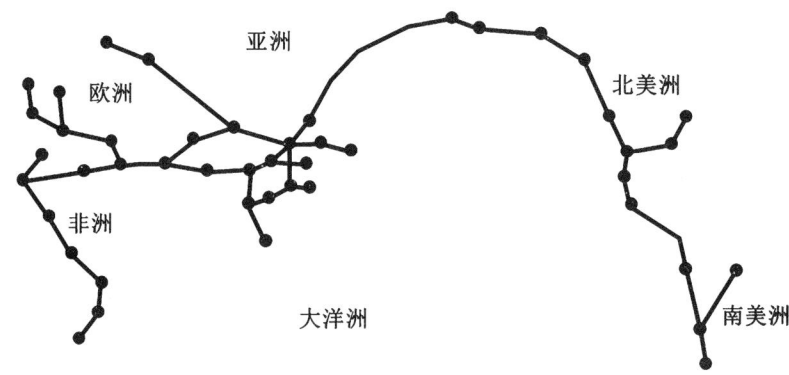

图 4.36　欧亚美非高铁网络示意图

4.3.2　美洲高铁之愿景

美洲分为北美洲和南美洲。北美洲全称是"北亚美利加洲",位于西半球北部,东临大西洋,西濒太平洋,北依北冰洋,南隔巴拿马运河与南美洲相邻。北美洲各国中以加拿大面积最大,美国人口最多。而南美洲全称为"南亚美利加洲",位于西半球南部,东濒大西洋,西临太平洋,南隔德雷克海峡与南极洲相望,北隔巴拿马运河与北美洲相邻,其中巴西面积最大,人口最多。

4.3.2.1　北美洲高铁之愿景

北美洲目前尚未建成实际意义的高铁,北美洲两个最大的国家加拿大和美国,工业发达,经济繁荣,现在两国都在计划并都是有条件建高铁的(图 4.37)。加拿大各大城市基本是沿美国边界上,东部从魁北克起连接蒙特利尔,首都渥太华,最大城市多伦多,往西至太平洋西岸的温哥华。美国幅员辽阔,人口已达 3 亿多,经济高度发达,工农业生产规模总值均居世界首位。

图 4.37　北美洲高速铁路网规划

美国目前尚未有一条实际意义的高铁。虽然那里交通很发达，但毕竟汽车、航空代替不了高铁，有必要像中国一样建立高铁网。美国政府计划建高铁，也希望打造 11 条高速铁路走廊。美国打算要在 25 年内建一个覆盖 80% 美国人的高铁网络。如图 4.38。

高铁知识趣谈

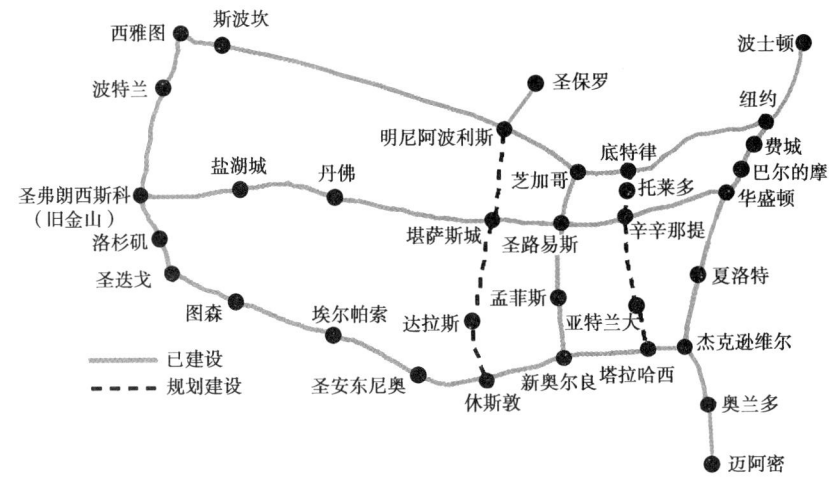

图 4.38 美国交通部的高速铁路"梦想"

根据美国的地理及各方面特点，美国高铁规划：首都华盛顿和较大城市在沿海岸线布置初期可建成"五纵三横"的高铁网，形状很像中国字"田"字。即：

1. 美国的"五纵"高铁网

第一纵：西线①从太平洋以西雅图、波特兰、圣弗朗西斯科（旧金山）、洛杉矶到圣迭戈。

第二纵：中纵从芝加哥经圣路易斯、孟菲斯到新奥尔良。

第三纵：东线沿大西洋波士顿，经纽约、费城、巴尔的摩、华盛顿、夏洛特、杰克逊维尔、奥兰多到迈阿密。

第四纵：西线②从圣保罗、堪萨斯城、达拉斯到休斯敦。

第五纵：东纵从底特律、辛辛那提、亚特兰大到塔拉哈西。

2. 美国的"三横"高铁网

第一横：中横从旧金山至盐湖城，至丹佛、堪萨斯城、圣路易斯、辛辛那提至华盛顿。

第二横：北横沿边界的西雅图、斯波坎、明尼阿波利斯、芝加哥、托莱多至纽约。

第三横：南横从圣迭戈、图森、埃尔帕索、圣安东尼奥、休斯敦、新奥尔良到杰克逊维尔。

"五纵三横"的高铁线路几乎包括美国所有大城市，北横约 4 000 km、中横 5 000 km、南横 3 500 km、西纵 2 000 km，其他每条约 1 800 km，这样全美高铁路网形成约 20 000 km。

4.3.2.2 南美洲高铁之愿景

南美洲面积较大，国家不多。巴西是工农业都很发达，是金砖国家，其他如阿根廷、哥伦比亚、委内瑞拉、秘鲁、智利、厄瓜多尔等国家都是较大的国家，但由于资金、技术和政治原因还未建起一条高速铁路。最近巴西已有修建高铁的计划，尤其连接首都巴西利亚和里约热内卢、圣保罗三大城市以及沿海城市都可建高铁。各国根据经济发展情况很快都会建设高铁，并在环海岸线上以高铁连接，再通过巴拿马、哥斯达黎加、尼加拉瓜、洪都拉斯、危地马拉、墨西哥等国的高铁与美国、加拿大的高铁连接。如图 4.39。

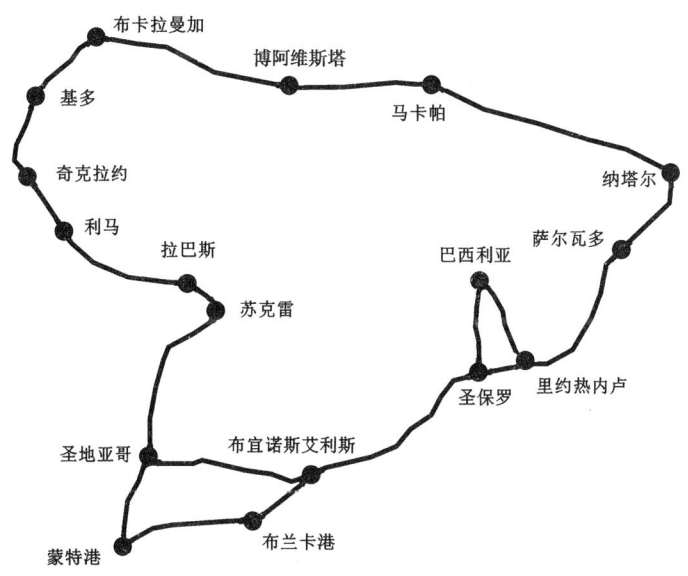

图 4.39 南美洲高速铁路网规划

巴西是南美最大的国家，东临大西洋，境内由北向南。巴西全国公路比较发达，铁路仅建在沿海地区，且线路不长。因巴西国土面积大，大城市集中，本国有建高铁的意向。根据城市布局、地形地质等因素，初期高铁应连接首都巴西利亚、全国最大城市圣保罗和里约热内卢等三大特大城市，形成大三角。如图4.40。

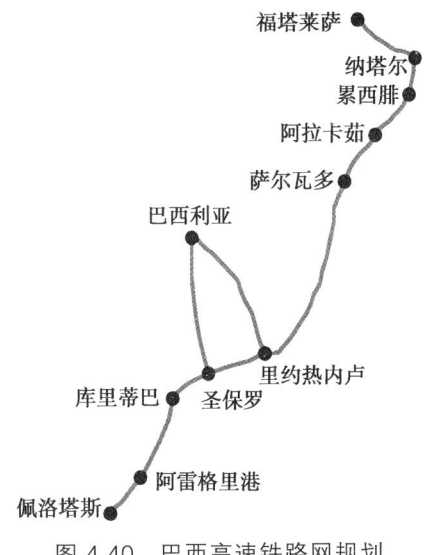

图4.40　巴西高速铁路网规划

巴西高铁线从巴西利亚、贝洛奥里藏特、茹伊斯-迪福拉、尼泰罗伊至里约热内卢，约800 km。沿海岸线经桑托斯至圣保罗，约300 km。从圣保罗经坎皮纳斯、里贝朗普雷图、乌贝兰迪亚回巴西利亚，约900 km。三线合计2 000 km。高铁线从尼泰罗伊以北，经韦利亚镇、萨尔瓦多、阿拉卡茹、马塞约、累西腓、纳塔尔至福塔莱萨，往南从圣保罗经库里蒂巴、若因维利、阿雷格里港到佩洛塔斯，两段总长约为4 000 km。

4.3.3　非洲高铁之愿景

非洲全称阿非利加洲，位于东半球最西部，为世界第二大洲。非洲面临大西洋，东濒印度洋，北与欧洲隔地中海相望，东北与亚洲相邻，赤道横贯中部,其中尼日利亚人口最多。铁路多为原殖民者留下的、规格不一、轨距不同的窄轨、米轨、宽轨、准轨铁路。因为根据地形和布置特点,大多数国家都在海岸线上,除在国内推广标准轨距外,各国顺沿海先用准轨铁路连在一起。如图4.41。

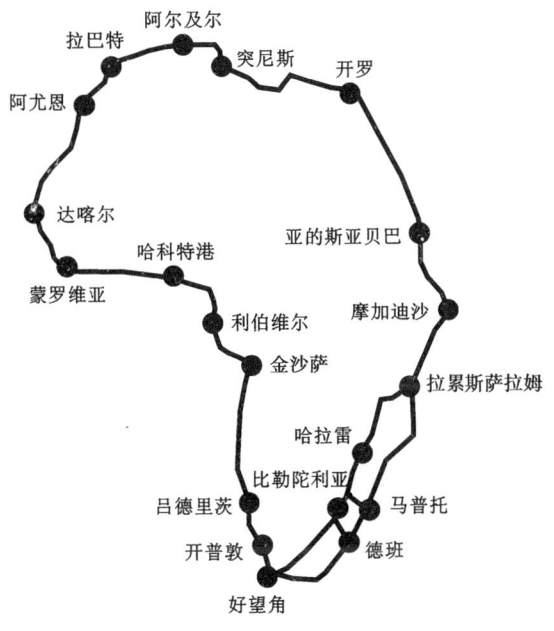

图 4.41 非洲高速铁路规划

南非共和国位于非洲大陆南端,东、西、南三面临印度洋和大西洋,国土辽阔,内陆以高原为主。国内交通以铁路、公路为主,空运体系完善,铁路构成交通网,铁路总长达3.41万千米,总长度占非洲1/3,货运几乎占非洲1/2。虽然南非在几条干线上开通特快、直快,但车次密度不够,速度很慢,大城市之间通勤客车频繁,利用率低。南非行政首都在比勒陀利亚,立法首都在开普敦,司法首都在布隆方丹,是世界上独一无二的拥有3个首都的国家。因南非经济发达,大城市多,人口多,虽然公路、铁路等交通发达,但城市之间流动并不十分便捷。该国也有修建高铁的意愿。如图4.42。

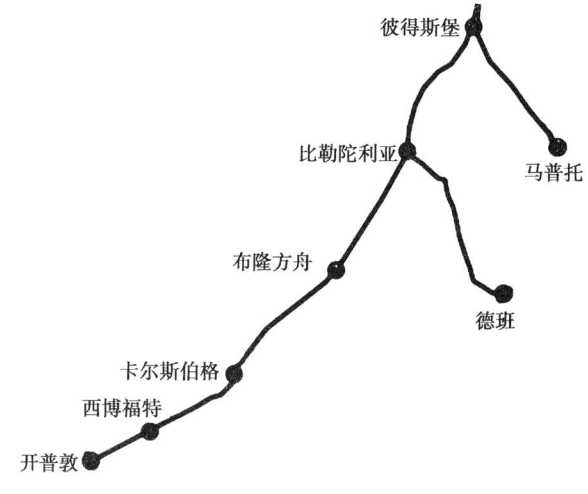

图 4.42　南非高速铁路规划

南非高铁规划,首先考虑中轴线上连接 3 个首都和特大城市,即从比勒陀利亚至约翰内斯堡(南非最大城市),经布隆方舟、德阿尔、西博福特、伍斯特、贝尔维尔到开普敦,约 1 500 km。另修建约翰内斯堡、斯坦德顿、莱迪史密斯、彼德马里茨堡至德班一线,全长 600 km,合计为 2 100 km。按中国造价每千米 2 亿元人民币,总造价合计为 4 200 万亿元人民币。后期高铁修沿海线由开普敦、乔治、伊丽莎白港、东伦敦、德班,继续向北至理查兹贝,经斯威士兰至马善托,连接比勒陀利亚向北的线路,经波洛夸内接路易特里哈特,再北上出墨西拿至津巴布韦。

4.3.4　大洋洲高铁之愿景

大洋洲意思是大洋中的陆地,位于太平洋西南部,亦是东北的浩瀚海域中,介于亚洲、南极洲和南北美洲之间,共有 1 万多个面积大小不等的岛屿,其最大岛屿澳大利亚大陆是世界上最小的一块大陆。澳大利亚经济发达,交通体系完善,人均铁路里程居世界第一,但目前尚未建高铁,所有人口集中在经济发达的六大城市,全部集中在东南和南部沿海。如图 4.43。

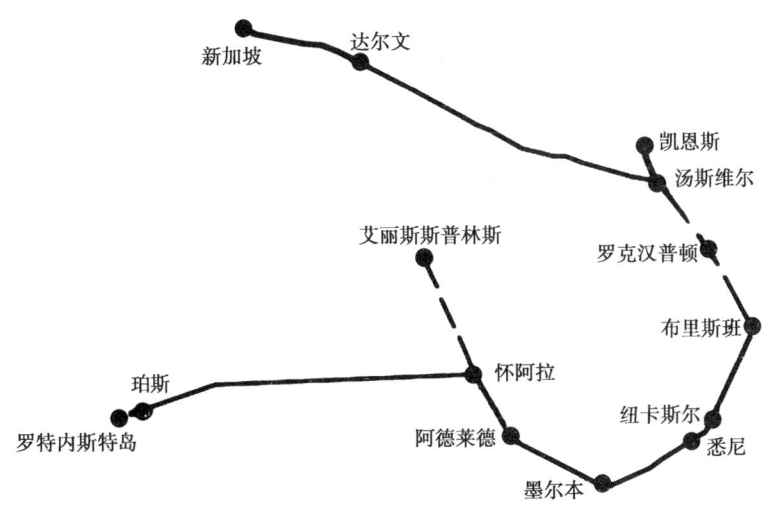

图 4.43　大洋洲（澳大利亚）高速铁路规划

澳大利亚高铁规划：前期，建成从东部布里斯班、悉尼至首都堪培拉；中期，延伸至墨尔本，经过阿德莱德至珀斯；后期，从布里斯班至汤斯维尔北部，沿海岸线至达尔文，通过轮渡至东帝汶与印度尼西亚各岛屿和新加坡连接，如果经济发达，各个小岛与本岛都用桥梁或隧道连接，这样就直接与亚洲铁路连接了。

4.3.5　亚洲高铁之愿景

亚洲全称亚细亚洲，位于东半球，是世界面积最大的一个洲，亚洲北、东、南分别濒临北冰洋、太平洋和印度洋，西与欧洲相邻，西南与非洲相连，东南与大洋洲隔海相望，共有49个国家，其中中国人口最多，面积最大。亚洲经济发展迅速，很多国家都开始注重基础建设，建好高速铁路和正准备建设高铁。如图4.44。

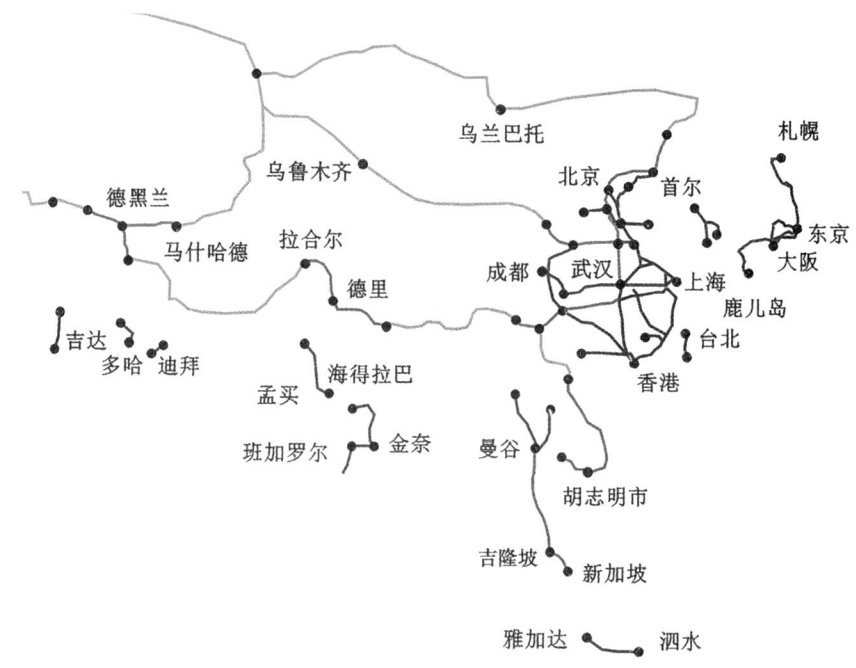

图 4.44　亚洲高速铁路网络

1. 中国高铁之愿景

中国目前对高速铁路的规划可分为中期规划和远期规划。中期规划是从 2010 年起至 2040 年，用 30 年的时间，将全国主要省市区连接起来，形成国家网络大框架，形成"五纵七横八连线"的格局。远期规划是从 2040 年起至 2070 年实现东部加密、西部连通成网（即连通西部主要交通枢纽），连接全国主要交通节点城市和旅游景点，使西部地区主要城市可通达任何沿海省区。中国"八纵八横"高铁线路如图 4.45。

2016 年 7 月，中国发布了《中长期铁路网规划》，勾画了新时期"八纵八横"高速铁路网的宏大蓝图。中国规划了"八纵八横"和"四大跨国干线"高铁线路。

（1）中国高铁的"八纵通道"。见表 4.6。

（2）中国高铁的"八横通道"。见表 4.7。

· 第 4 章 高铁的发展历程 ·

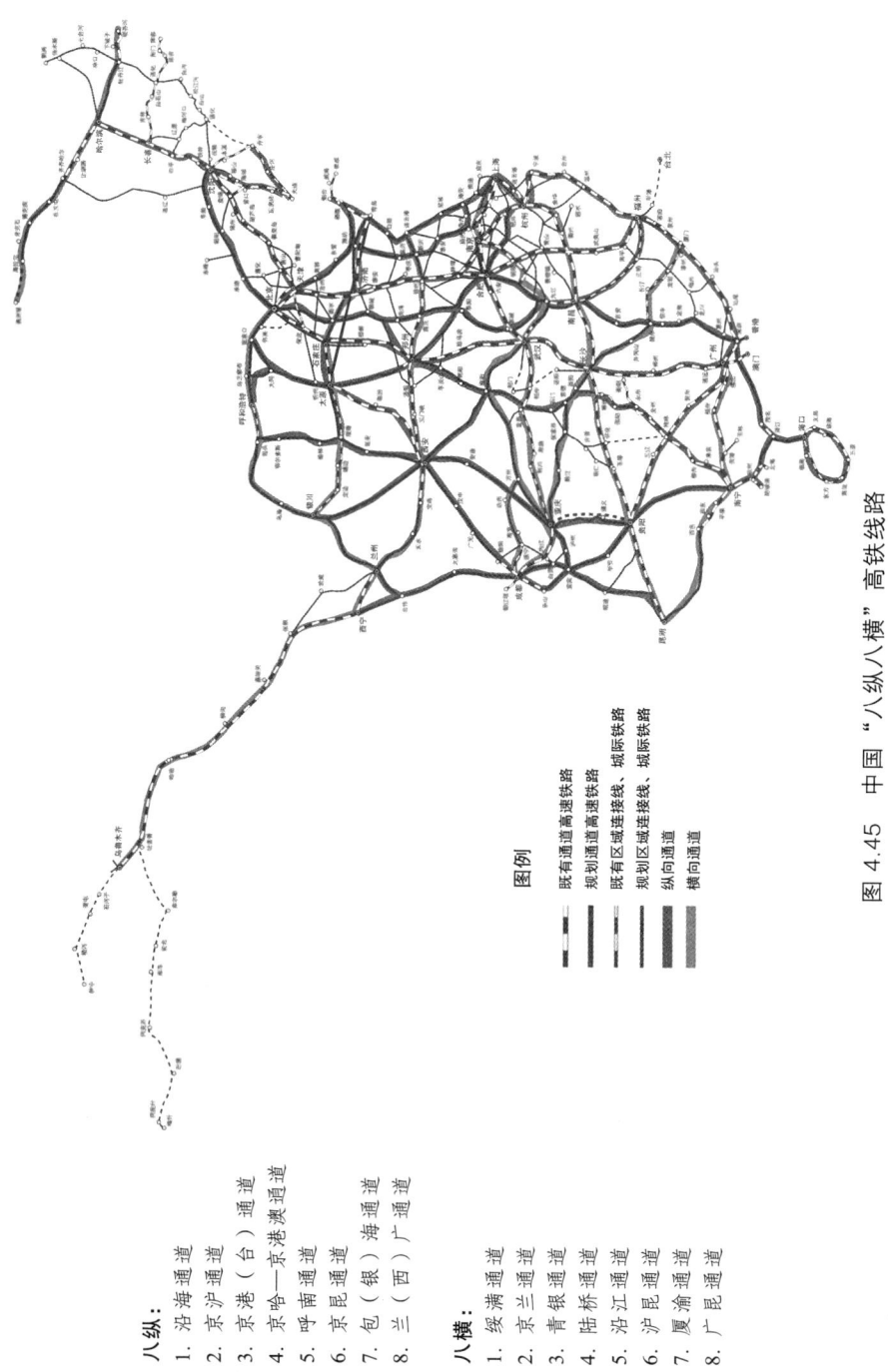

八纵：
1. 沿海通道
2. 京沪通道
3. 京港（台）通道
4. 京哈—京港澳通道
5. 呼南通道
6. 京昆通道
7. 包（银）海通道
8. 兰（西）广通道

八横：
1. 绥满通道
2. 京兰通道
3. 青银通道
4. 陆桥通道
5. 沿江通道
6. 沪昆通道
7. 厦渝通道
8. 广昆通道

图 4.45 中国"八纵八横"高铁线路

159

表 4.6 中国高铁的"八纵通道"

序号	通道名称	包含线路	连接地区	贯通城市群
一纵	沿海通道	大连（丹东）—秦皇岛—天津—东营—潍坊—青岛（烟台）—连云港—盐城—南通—上海—宁波—福州—厦门—汕头—深圳—江门—湛江—北海（防城港）高速铁路	东部沿海地区	京津冀、辽中南、山东半岛、东陇海、长三角、海峡西岸、珠三角、北部湾等城市群
二纵	京沪通道	北京—天津—济南—南京—上海（杭州）高速铁路，包括南京—杭州、蚌埠—合肥—杭州高速铁路，同时通过北京—天津—东营—潍坊—临沂—淮安—扬州—南通—上海高速铁路	华北、华东地区	京津冀、长三角等城市群
三纵	京港（台）通道	北京—衡水—菏泽—阜阳—黄冈（黄冈）—九江—南昌—赣州—深圳—香港高速铁路；另一支线为合肥—福州—台北高速铁路，包括南昌—福州（莆田）铁路	华北、华中、华东地区	京津冀、中原、长江中游、海峡西岸、珠三角等城市群
四纵	京哈—京港澳通道	哈尔滨—长春—沈阳—北京—石家庄—郑州—武汉—长沙—广州—深圳—香港高速铁路，广州—珠海—中山—珠海—澳门高速铁路	东北、华北、华中、华南、港澳地区	哈长、辽中南、京津冀、中原、长江中游、珠三角等城市群
五纵	呼南通道	呼和浩特—大同—太原—郑州—襄阳—常德—益阳—娄底—邵阳—永州—桂林—柳州—南宁高速铁路	华北、华中、华南地区	呼包鄂榆、中原、长江中游、北部湾等城市群
六纵	京昆通道	北京—石家庄—太原—长治—晋城—西安—成都（重庆）—昆明高速铁路，包括北京—大同—太原—西安银川—西安高速铁路	华北、西北、西南地区	京津冀、太原、关中平原、成渝、滇中等城市群
七纵	包（银）海通道	包头—延安—西安—重庆—贵阳—南宁—湛江—海口（三亚）高速铁路，包括包头—西安以及海南环岛高速铁路	西北、华南地区	呼包鄂、宁夏沿黄、关中平原、成渝、北部湾等城市群
八纵	兰（西）广通道	兰州（西宁）—成都（重庆）—贵阳—广州高速铁路	西北、华南地区	兰西、成渝、黔中、珠三角等城市群

表 4.7 中国高铁的"八横通道"

序号	通道名称	包含线路	连接地区	贯通城市群
一横	绥满通道	绥芬河—牡丹江—哈尔滨—齐齐哈尔—海拉尔—满洲里高速铁路	黑龙江及蒙东地区	
二横	京兰通道	北京—张家口—呼和浩特—银川—兰州高速铁路	华北、西北地区	京津冀、呼包鄂、宁夏沿黄等城市群
三横	青银通道	青岛—济南—石家庄—太原—银川高速铁路	华东、华北、西北地区	山东半岛、京津冀、太原、宁夏沿黄等城市群
四横	陆桥通道	连云港—徐州—郑州—西安—兰州—西宁—乌鲁木齐高速铁路	华东、华中、西北地区	东陇海、中原、关中平原、兰西、天山北坡等城市群
五横	沿江通道	上海—南京—合肥—武汉—重庆—成都高速铁路	华东、华中、西南地区	长三角、长江中游、成渝等城市群
六横	沪昆通道	上海—杭州—南昌—长沙—贵阳—昆明高速铁路	华东、华中、西南地区	长三角、长江中游、黔中、滇中等城市群
七横	厦渝通道	厦门—龙岩—赣州—长沙—常德—张家界—重庆高速铁路	海峡西岸、中南、西南地区	海峡西岸、长江中游、成渝等城市群
八横	广昆通道	广州—南宁—昆明高速铁路	华南、西南地区	珠三角、北部湾、滇中等城市群

（3）中国高铁的"四大跨国干线"。根据我国交通发展战略的远期规划愿景，中国高铁规划的"四大跨国干线"，见表4.8和图4.46。

表4.8 中国的"四大跨国干线"

序号	线路名称	具体线路
1	欧亚高铁	从伦敦出发，经巴黎、柏林、华沙、基辅，过莫斯科后分成两支，一支入哈萨克斯坦，另一支遥指远东的哈巴罗夫斯克（伯力），之后进入中国境内的满洲里
2	中亚高铁	起点是乌鲁木齐，经由哈萨克斯坦、乌兹别克斯坦、土库曼斯坦、伊朗、土耳其等国家，最终到达德国
3	泛亚高铁	从昆明出发，依次经由越南、柬埔寨、泰国、马来西亚，抵达新加坡
4	中俄加美高铁	从东北出发一路往北，经西伯利亚抵达白令海峡，以修建隧道的方式穿过太平洋，抵达阿拉斯加，再从阿拉斯加去往加拿大，最终抵达美国

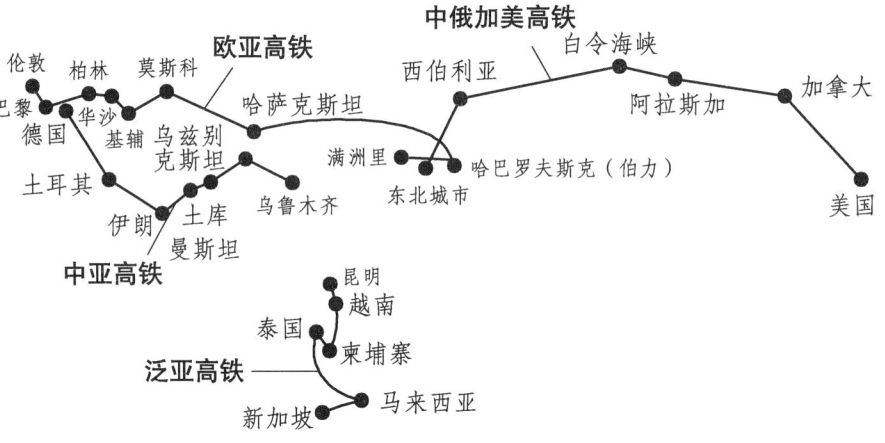

图4.46 中国"四大干线"高铁线路

我国高速铁路在未来几年还是会进入大发展时期。到2020年，我国高铁运营里程达到5万千米以上，连接所有省会城市和50万人口以上城市，覆盖全国90%以上人口，"人便其行、货畅其流"的目标成为现实。

2. 日本高铁之愿景

日本当前在建的 4 条铁路将会相继投入使用，总里程达到 5 000 km。特别是日本规划打造一条绕日本西海岸的快速客运通道，实现日本西海岸主要城市的通达，并与周边的中国、朝鲜、韩国等国家的高速铁路连通一体化。如图 4.47。

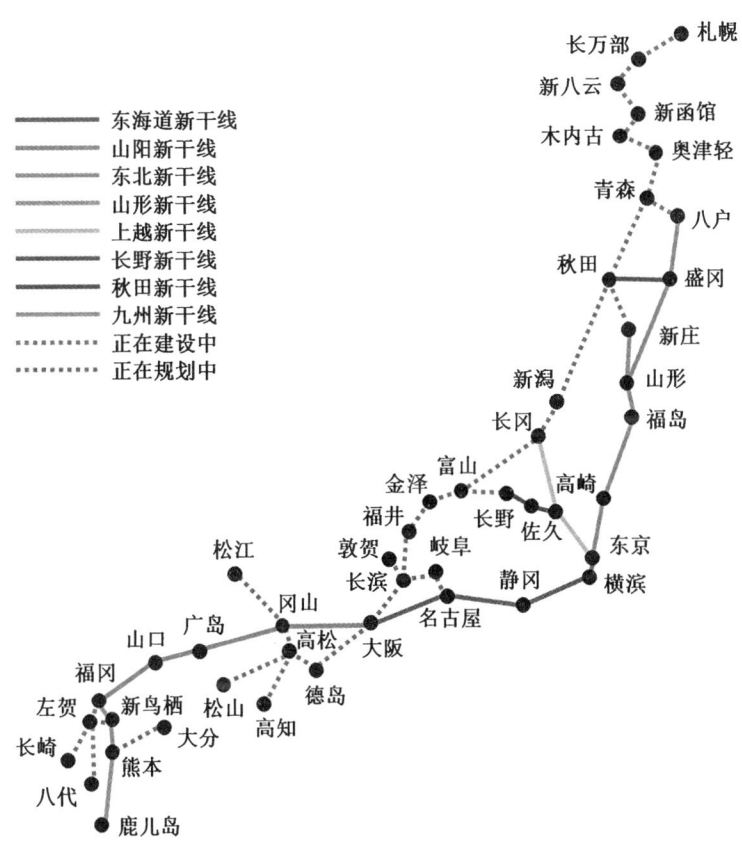

图 4.47 日本高铁运营线路概况

日本的新干线高速铁路网已经贯通西南和东北，以东京为中心的3小时高速铁路运输通道为日本工业和经济的快速发展提供有力支撑。日本高速铁路不仅带动了国内铁路行业的大规模发展，同时也促使中国等国家在内大力发展高速铁路，一并成为领跑世界高铁的生力军。日本高铁的长期规划，主要内容有：

（1）对内加密高速铁路线网，连通北海道。日本在建的高速铁路主要有4条，其中从八户到青森、青森到札幌是用以实现日本岛内与北海道的连接，另外修建长野到金泽和从博多到八代的高速铁路客运实现日本东部与西部城市的连接。

（2）对外修建四国高速铁路，打造四国地面快速客运通道。日本规划打造一条绕日本西海岸的快速客运通道，它途经青森、秋田、新潟、长冈、富山、金泽、福井、敦贺等，实现日本西海岸主要城市的通达，并通过修建中国横断干线等实现与周边的中国、朝鲜、韩国的高速铁路线路连接。

（3）提高运营速度，大力推广磁浮高铁。运营速度达到500 km。日本已经启动了磁悬浮中央新干线的建设项目，这条连接东京和大阪的高速铁路上，列车运行速度550 km/h，届时成为世界上最快的铁路列车。

总之，高铁作为一种安全可靠、快捷舒适、运载量大、低碳环保的运输方式，已经成为世界交通业发展的重要趋势。目前世界上已经有中国、西班牙、日本、德国、法国、瑞典、英国、意大利、俄罗斯、土耳其、韩国、比利时、荷兰、瑞士等20多个国家和地区建成运营高速铁路。中国在高速铁路领域发展迅速，取得了举世瞩目的成就。目前，中国也是全世界高铁运营里程最长、在建规模最大的国家。"乘风破浪会有时，直挂云帆济沧海"，中国高铁的发展必定走在世界前列，一定为全球一体化做出特别的贡献。

参考文献

[1] 沈熙佚. 中国最先进的高速列车[J]. 交通与运输, 2017 (2): 41-42.

[2] 胡启洲, 张卫华, 张晓亮, 等. 高速铁路安全运营的测度理论与监控方法[M]. 北京: 科学出版社, 2015.

[3] 左辅强, 沈中伟. 高铁时代[M]. 北京: 科学出版社, 2012.

[4] 胡启洲, 李香红, 曲思源. 高铁简史[M]. 成都: 西南交通大学出版社, 2018.

[5] 王麟, 李政. 高铁的前世今生[M]. 北京: 中国铁道出版社, 2016.

[6] 佟立本. 高速铁路概论[M]. 北京: 中国铁道出版社, 2016.

[7] 高铁见闻. 高铁风云录[M]. 长沙: 湖南文艺出版社, 2015.

[8] 姜博, 初楠臣, 修春亮, 等. 中国"四纵四横"高铁网络可达性综合评估与对比[J]. 地理学报, 2016 (4): 591-604.

[9] 许柯. 高铁客运车站人性化设计和使用的探讨[D]. 上海: 复旦大学, 2014.

[10] 黄洁. 基于高铁网络的中国省会城市可达性[D]. 南昌: 江西师范大学, 2016.

[11] 向丽. 泛亚铁路东南亚段建设的历史、现状与未来[D]. 昆明: 云南大学, 2016.

[12] 杨正泽. 高速铁路的国民经济属性及投资效益研究[D]. 北京: 北京交通大学, 2015.

[13] 李鹏, 土彤, 宋土. 基于Virtools的高速列车三维仿真系统实现及技术研究[J]. 中国铁路, 2013 (7): 40-42, 47.

[14] 邢朋凯. 我国高铁网络的形成及发展演化[J]. 当代经济, 2017 (3): 28-30.

[15] 王素玉，王家素. 高温超导电磁悬浮[J]. 低温与超导，1999（4）：8-12.

[16] 范钦海. 高速铁路的主要技术特征与高速动车组[J]. 机车电传动，2003（5）：5-9.

[17] 王亦军. 中国高速铁路建设回顾与发展思考[J]. 铁道经济研究，2016（1）：6-11.

[18] 陈绪勇. 真空管道磁悬浮列车空气动力学问题仿真分析[D]. 成都：西南交通大学，2013.

[19] 卢春房. 中国高速铁路的技术特点[J]. 科技导报，2015（18）：13-19.

[20] 国家铁路局《高铁经济学导论》编写组. 高铁经济学导论[M]. 北京：中国铁道出版社，2018.

[21] 李廷智，杨晓梦，赵星烁. 高速铁路对城市和区域空间发展影响研究综述[J]. 城市发展研究，2013（2）：71-79.

[22] 张培君. 快速发展的台湾铁路[J]. 交通与运输，2015（5）：24-25.

[23] 王姣娥，焦敬娟，金凤君. 高速铁路对中国城市空间相互作用强度的影响[J]. 地理学报，2014（12）：1833-1846.

[24] 梁晓红，齐曼玉，谭克虎. 泛欧高速铁路快捷运输业务模式研究[J]. 铁道运输与经济，2017（2）：79-84.

[25] 金凤君，焦敬娟，齐元静. 东亚高速铁路网络的发展演化与地理效应评价[J]. 地理学报，2016（4）：576-590.

[26] 彭其渊，李建光，杨宇翔，等. 高速铁路建设对我国铁路运输的影响[J]. 西南交通大学学报，2016（3）：525-533.

[27] 《铁路"十三五"发展规划》（发改基础〔2017〕15号）.

[28] 胡启洲，李香红. 高铁问答[M]. 成都：西南交通大学出版社，2018.

[29] 高铁见闻. 大国速度：中国高铁崛起之路[M]. 长沙：湖南科学技术出版社，2017.